HENRI VUAGNEUX

Courbevoie

ET

Ses Environs

De leur origine à nos jours

(AVEC ILLUSTRATIONS HORS TEXTE)

IMPRIMERIE DE POISSY

LEJAY Fils & LEMORO

Boulevard de la Croix-Verte

—

1906

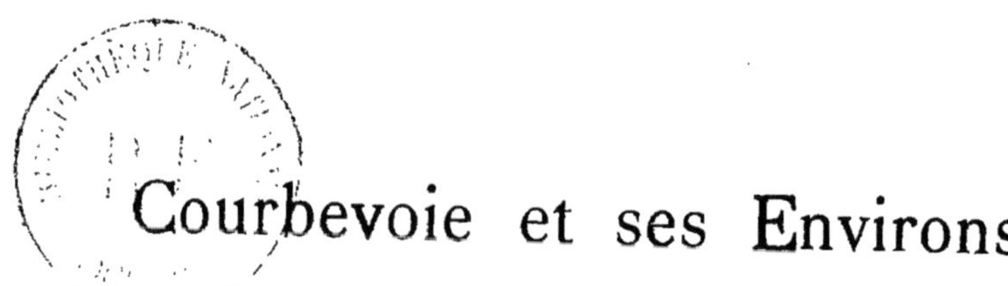

Courbevoie et ses Environs

HENRI VUAGNEUX

(*Deux Conférences faites à l'Association philotechnique*)

Courbevoie

ET

Ses Environs

De leur origine à nos jours

(AVEC ILLUSTRATIONS HORS TEXTE)

IMPRIMERIE DE POISSY

LEJAY Fils & LEMORO

Boulevard de la Croix Verte

1906

L'impression de ce Recueil de Conférences faites à l'Association Philotechnique de Courbevoie, pour aider à l'instruction de la jeunesse, est due à la haute sollicitude du Conseil municipal de cette ville, M. L. BOURSIER, étant maire, MM. G. BÉDU et C. MÉRING, adjoints, M. A. LEGENDRE, syndic, et MM. G. DRIN, F. DENGLOT, A. ROCHÉ, L. BARBÉ, M. ORGIAS, J. VINET, J. CHARRETON, L. VIREY, J. BAILLY, L. HÉNONIN, L. HANET, J. JOURNEAUX, F. RENOULT, N. COTTENET, A. RICHAUD, E. DEFAIS, J. GAUVIN, H. MORINEAU, G. ARTIGOLE, E. JOT, J. MENIN, X....., X....., conseillers.

A tous, j'adresse ici mes hommages reconnaissants.

HENRI VUAGNEUX.

(L'Association Philotechnique, réunie en Assemblée générale à la Mairie, le 13 juillet 1906, vote, sur ma proposition et, par d'unanimes acclamations, des remerciements à l'adresse du Conseil municipal de Courbevoie. — H. V.)

A Monsieur L. BOURSIER,

Maire de Courbevoie,

je dédie ce volume, avec l'expression de ma vive sympathie.

Henri VUAGNEUX.

Henri **VUAGNEUX**

ASSOCIATION PHILOTECHNIQUE

DE COURBEVOIE

Saison 1905-1906

Courbevoie et ses environs, de leur origine à nos jours, deux conférences faites dans la grande salle des fêtes de la mairie, sous la présidence de M. L. Boursier, maire, Président d'honneur de l'Association ; la première, le samedi 11 novembre 1905 à 8 heures 1/2 du soir, suivie d'un concert donné par la musique du 119ᵉ Régiment d'Infanterie, et la seconde, le jeudi 7 décembre à la même heure.

Première Conférence

DISCOURS DE M. L. BOURSIER :

Mesdames,

Messieurs,

En ouvrant la séance, je tiens tout d'abord à remercier le Bureau de l'Association Philotechnique, en la personne de son Président, M. Jupin, d'avoir offert au maire de Courbevoie, le fauteuil directorial de cette soirée littéraire. J'ai été vivement touché de cette délicate attention et je suis heureux de saisir l'occasion nouvelle qui m'est donnée, de pouvoir féliciter les membres de l'Association du succès croissant de l'œuvre philanthropique à laquelle ils se sont dévoués; je les remercie des efforts constants que leur aide permet de déployer, pour procurer à nos concitoyens des distractions intellectuelles, sans cesse renaissantes.

La conférence de ce soir, sera tout particulièrement intéressante, car elle a trait aux origines de notre ville et marquera une étape dans son histoire. Elle était depuis longtemps désirée; mais pour traiter un tel sujet et ne pas s'égarer dans les longues recherches qu'il nécessitait, il fallait des connaissances et des aptitudes spéciales. Et l'Association Philotechnique, qui se plaît à grouper toutes les bonnes volontés, possédait précisément parmi les membres distingués de son Conseil d'Administration, l'homme érudit qui voulut bien entreprendre cette tâche. J'ai nommé M. Henri Vuagneux, bibliophile et chercheur inlassable, que ses nombreux travaux ont classé parmi les écrivains les plus sérieux. Dans quelques instants, vous pourrez vous rendre compte de la somme de travail qu'à dû dépenser M. Vuagneux, pour mettre au point tous les documents épars qu'il a su rassembler afin d'en tirer les éléments si divers qui vont se graver dans votre souvenir.

Permettez-moi, Mesdames et Messieurs, en vous le présentant, de vous citer quelques extraits d'une *Préface* qu'écrivit M. Eugène Müntz, le regretté membre de l'Institut, pour l'un des volumes de notre nouveau conférencier : (le tome I, de ses *Propos artistiques*.) — « Henri Vuagneux, dit M. Eugène « Müntz, a consacré sa vie à tout ce qui incarnait une pensée « d'art. Il a, pendant de longues années, dans tous les grands « organes de Paris et principalement dans le *Figaro*, cons- « tamment lutté contre le vandalisme et défendu la cause « de nos monuments et de nos richesses historiques. Est-il « nécessaire d'ajouter que le point de vue de l'archéologie, « n'est pas le seul que l'intéresse : toujours les ruines ont « pour cadre chez lui, le paysage et les souvenirs qui s'y « rattachent. Né sur les bords du Doubs, Henri Vuagneux « apporte dans l'attaque, comme dans la défense, l'ardeur et « la ténacité de la race vaillante à laquelle il appartient, en

« même temps qu'un besoin de précision dont on ne saurait
« trop le féliciter. Parmi les idées qu'il a semées, plus d'une
« fera sa trouée et son chemin, car elles répondent essentiel-
« lement au besoin d'organisation artistique qui travaille
« notre époque ».

Au point de vue du théâtre, sans parler de ses œuvres déjà
jouées avec succès, Henri Vuagneux vient d'achever en collaboration avec Camille de Sainte-Croix, un opéra en cinq
actes, *La fille de Ramsès*, dont Paul Vidal a écrit la partition
et qui sera représenté au cours de la saison prochaine, à
l'Académie Nationale de musique. Je suis certain que cet
ouvrage obtiendra auprès du grand public parisien, tout le
succès que mérite le réel talent de ses auteurs.

Et c'est un point de plus à l'actif de M. Henri Vuagneux, que
d'avoir su trouver le temps de préparer cette conférence, au
milieu d'occupations aussi multiples et aussi absorbantes. Je
lui adresse, au nom de l'Association Philotechnique et au nom
de nos concitoyens, l'expression de notre profonde gratitude.

Pour donner à sa conférence, un cachet artistique de
plus, M. Henri Vuagneux a voulu faire revivre pour vous,
quelques uns des monuments et des édifices disparus de
notre contrée. C'est à la réalisation de ce désir qu'ont travaillé sous son égide, avec autant de zèle que de talent et de
dévouement, les artistes et les professeurs de l'Association.
C'est à eux que nous devons les magnifiques toiles que vous
avez admirées déjà, et sur lesquelles notre conférencier
vous donnera tout à l'heure les explications qu'elles com-
portent. J'adresse aux collaborateurs de M. Vuagneux,
M. Lucien Pouzargues, M. Léty, MM. Daubin, Tutin et Lebas,
nos meilleurs remerciements. Et, pour n'oublier personne
j'ajouterai que c'est à M. Bouillette et à M. Pepper, que nous
devons les clichés dont vous constaterez la netteté dans les
projections que vous aurez le plaisir de voir tout à l'heure.

Maintenant je me hâte, mesdames et messieurs, de
donner la parole à notre conférencier.

Mesdames, Messieurs,

Ce n'est point sans avoir longuement hésité sur le choix de mon sujet, que je viens aujourd'hui vous parler de notre Banlieue et des transformations auxquelles elle fut soumise au cours des siècles qui nous ont précédés.

Je sais que l'honneur qui m'échoit est de ceux que l'on recherche, dès qu'on se trouve en présence d'auditeurs aussi fervents et aussi attentifs que vous avez pris l'habitude de l'être, à chacune de nos réunions de l'Association Philotechnique. Malgré cette considération, je n'éprouve aucun scrupule à vous déclarer qu'il n'a rien moins fallu que le plus vif désir d'être agréable à tous mes collègues du Conseil d'Administration, pour me décider à poursuivre, en ces derniers mois surtout, le labeur de recherches commencées depuis deux ans bientôt.

A vrai dire, ce n'est point à entendre une conférence que vous avez été conviés, mais plutôt à suivre la lecture d'une étude aussi succincte que possible et résultant d'investigations nombreuses, tant dans nos musées et nos bibliothèques publiques, que dans les papiers des corporations religieuses, de nos Archives Nationales, Départementales et Municipales et même dans les casiers de l'Assistance Publique où, en des moments de trouble, furent transportés de nombreux documents précédemment conservés dans les mairies du Département de la Seine; dois-je dire, en passant, que ces dernières mesures de précaution ne furent point couronnées du succès que l'on devait en attendre, puisque, de 1789 à 1871, soit par des ventes inopportunes ou des envois maladroits au pilon, soit par suite de mutilations, de vols ou d'incendies, les trois quarts des titres dont aurait pu se composer la collection de l'Assistance Publique, furent perdus pour nous.

Et cette hésitation, à laquelle, tout à l'heure, je faisais allusion, se rattache à mon travail par un autre côté encore : je crains, malgré mon application à n'avoir point trop élargi la partie archéologique de cette étude, pour vous la rendre moins fatigante à suivre, je crains, dis-je, de tomber par instants, dans des développements déjà connus, différentes publications, tirées peut-être de quelques uns des ouvrages ou des documents que j'ai dû consulter, ayant paru sur Courbevoie en ces dernières années et s'étant forcément placées d'elles-mêmes sous vos yeux. Parmi ces travaux, je citerai plus particulièrement ceux de M. Lesenfans, dont quelques-uns des chapitres seulement se trouvèrent en ma possession et me furent assez utiles pour me permettre d'écourter la liste des pièces à compulser, en ce qui concerne surtout Colombes et la Garenne.

Je tiens également à rendre hommage à la sollicitude éclairée de M. Boursier, l'honorable maire de notre ville, qui facilita mon travail par tous les moyens en son pouvoir, mettant à ma disposition, pour y puiser largement, des notes que depuis longtemps déjà, il s'était plu à grouper sur les origines de cette commune.

*
* *

Courbevoie est très ancien. Il était connu du temps des Romains. Antonin, dans son itinéraire, désigne la route qui traversait le pays, sous le nom de *Curva-via*, parce que le chemin était en effet tortueux en cet endroit. Le Mont-Valérien qui domine la vallée de la Seine dans cette partie, a dû nécessairement être contourné et, cet obstacle franchi, il fallait encore longer la boucle que fait la Seine entre Nanterre et Le Pecq, puisqu'il n'y avait pas de gué facile à traverser.

Les anciennes cartes de la région et, notamment celle de

l'Abbé de la Grive, qui date de 1740 et se trouve être la première qui soit construite à une grande échelle, reproduisent certainement un état de choses bien antérieur à l'époque où elles furent dressées, car l'ancienneté des localités qui marquent les étapes de la voix courbe : Nanterre au vieux nom celtique, Bougival, Le Pecq, est bien établie, par ailleurs.

Ainsi que celà a fréquemment été dit déjà, le texte le plus ancien faisant mention de *Courbevoie*, parmi ceux qui nous ont été conservés, se trouve être la chronique de l'Abbaye Bénédictine de Fontenelle ou Saint-Wandrille, au diocèse de Rouen. — (Les ruines de ce monastère célèbre, fondé en 684 sous le règne de Clovis II, se voient encore à Saint-Wandrille-Rançon près de Caudebec-en-Caux. — Son cloitre qui, dit-on, donna l'idée du célèbre décor du 3° acte de *Robert-le-Diable*, est fort bien conservé. Vendu en septembre 1906 depuis le départ des Bénédictins, le monastère de Saint-Wandrille ne disparaîtra pas ; ce qui en subsiste étant garanti par la loi sur les monuments historisques).

Ecrite par un moine de l'Abbaye, vers l'année 834, cette chronique contient un récit des actes des abbés de Fontenelle, où l'on trouve rapportée, une donation faite à l'Abbaye par Childebert III (Roi Mérovingien, en Neustrie, de 695 à 711), à la date du lundi 20 octobre 704, et comprenant *la terre que l'on appelle Aupec* (Le Pecq), *située dans le pays de Pincarais* (Poissy), *près Saint-Germain-en-Laye, sur le bord de la Seine, avec ses environs, parmi lesquels Courbevoie — Novilianus — Albachahan — Nido — Tremlido et les cinq forestiers.* — L'acte original de cette donation n'a pas été conservé, non plus d'ailleurs que bien d'autres actes de ce temps-là et, il nous est impossible aujourd'hui de nous faire une idée exacte de la nature des droits cédés à l'Abbaye, ou de l'importance des localités sur lesquels ces droits étaient assis. — Tout ce que nous apprend notre auteur, c'est qu'il y avait à Courbevoie, *un forestier*, c'est-à-dire un agent chargé d'assurer la conservation des bois, ce qui implique naturellement l'existence de ces bois. — Le nom de La Garenne,

(Garenne, petite forêt) qui s'est conservé jusqu'à nous, appliqué au voisinage immédiat de Courbevoie, vient encore à l'appui de cette remarque.

Les moines de Saint-Wandrille conservèrent pendant plusieurs siècles, les droits qu'ils tenaient du Roi Childebert : dans une constitution générale donnée à leur monastère par l'Empereur Charles-le-Chauve, en 853, nous trouvons encore Courbevoie, mentionné comme se rattachant au Pecq et dépendant avec lui de Saint-Wandrille.

Plus tard, le *Pecq* figure toujours parmi les terres appartenant à l'Abbaye rouennaise, mais on n'y trouve plus le nom de Courbevoie. — Au xii⁰ siècle, la puissante Abbaye de Saint-Denis a remplacé celle de Saint-Wandrille, dans la Seigneurie de Courbevoie. — Comment ce changement s'est-il opéré ? — Nous n'en savons rien, car, de cette époque encore, bien des actes ne sont point parvenus jusqu'à nous. — Il est probable, toutefois, que les moines de Saint-Denis, devenus en 870 Seigneurs de Rueil, par une donation solennelle de Charles-le-Chauve, cherchèrent à entrer en possession de toutes les Seigneuries enclavées entre Saint-Denis et leur terre de Rueil. — Les papiers de l'Abbaye conservés aujourd'hui aux Archives Nationales, font connaître plusieurs actes des xii⁰ et xiii⁰ siècles, qui nous montrent l'Abbé et le couvent, poursuivant le rachat de toutes les petites Seigneuries vassales qui se trouvent alors dans la région de Courbevoie. — C'est d'abord, en 1129, Bouchard de Marly, cousin des puissants Seigneurs de Montmorency, qui cède aux Moines de Saint-Denis, *tout ce qu'il possédait à Rueil et le fief de Pierre de Courbevoie.* — C'est ensuite, en 1224, Simon de Ville d'Avray et ses frères, cédant à leur tour, *partie en aumône et partie en échange de 290 livres parisis,* (environ *1200 francs* d'aujourd'hui) *les droits qu'ils tiennent au territoire de Courbevoie et d'Asnières et sur la censive du pont de Neuilly.* — En 1239, au mois de Février, Jean de Hugot et Rachilde sa femme, cèdent de même *les droits qu'ils tiennent de Adam, leur père, sur Courbevoie et ses dépendances,* savoir : un denier *d'avalage* sur la Seine et tout ce qui s'y rattache ; (le mot *avalage* a signifié : droit de circulation sur les cours d'eau et aussi : droit de pêche dans les cours d'eau : c'est plutôt le premier sens du mot qui s'applique ici) — *l'autre fief est dans La Garenne, à savoir : l'aistrise de Colombes, — Courbevoie en entier, avec ses dépendances et une grange qui est entre Courbevoie et la Seine. — Et pour cette cession perpétuelle, les dits Jean et Rachilde sa femme, reconnaissent avoir reçu trente livres Parisis !* (environ 120 francs). — Pour plus de clarté, l'aistrise de Colombes, c'est-à-dire le Cimetière ou Place de Colombes, formé des terrains qui entouraient l'Eglise, où se faisaient les inhumations et où se trouvaient parfois des habitations soumises à des règles de droit, spéciales, était auparavant l'*Atrium* des Romains. — Si l'on veut se rendre compte qu'il a existé une voie romaine qui partait de l'ancien palais des Rois de la première race, situé à Clichy, et que l'on a retrouvé quelques vestiges de cette voie, à l'entrée même de La Garenne, il sera permis de supposer qu'il s'agissait de l'une de ces constructions somptueuses, où les Romains recevaient leurs visiteurs. — Les Seigneurs de la féodalité franque, se servirent plus tard, pendant longtemps, de ces maisons à demi ruinées, pour réunir leurs serfs et justiciables. Cela explique précisément cette légende que l'on trouve dans un titre *du fonds* de Saint-Denis et qui nous apprend qu'avant la codification des coutumes du pays de Parisis et la création des baillages, il existait entre Colombes et Courbevoie, un lieu où les Moines rendaient la justice.

A cette époque, *La Garenne*, était un fief de *haubert*, c'est-à-dire une terre qui ne pouvait être possédée que par un chevalier. Ce fief était *mouvant* de l'Abbaye de Saint-Denis ; les Abbés étaient Seigneurs, dans toute la force féodale de ce mot ; ils avaient *haute*, *moyenne* et *basse* justice, censive directe, Seigneurie publique et universelle et ne reconnaissaient comme suzerain, que le Roi, auquel ils rendaient hommage chaque année, la veille de la Saint-Denis — En raison même de leur puissance féodale, ils eurent à fournir aux Croisés, des subsides en argent et même en hommes

Cette carte dressée par un ingénieur-géographe du nom de C.-V. Monin et qui donne bien l'idée de la boucle que fait la Seine, doit dater de 1830 ou 1835, puisque Courbevoie y est indiqué avec la mention : 1,934 habitants. Le **bois** *et la* **ferme** *de* **La Garenne**. *Le* **vieux moulin** *et le* **moulin du Chante-Coq** *à* **Puteaux** *y sont nettement indiqués. De même s'y trouvent l'emplacement du* **Moulin-Joli** *et le* **Château du Marais** *entre* **Argenteuil** *et* **Bezons**, *dont nous aurons à nous occuper plus tard.* (Page 13).

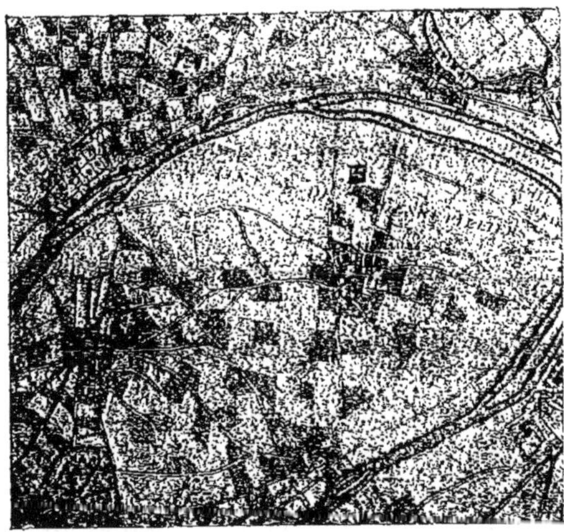

Ceci n'est que l'un des fascicules de l'importante carte de l'abbé de la Grive, qui se trouve à la Bibliothèque nationale. Si les bois de la Garenne et de Courbevoie, n'ont pu qu'y être insuffisamment indiqués, on se rend compte, par contre, de l'importance qu'avaient Argenteuil et Gennevilliers. (Page 13).

d'armes ; aussi avaient-ils aliéné de bonne heure une grande partie de terres de roture et distribué de nombreux fiefs. — *Courbevoie*, par exemple, eut, de tout temps, plusieurs Seigneurs. — En 1248, ceux des habitants qui étaient encore astreints à la dure condition du servage, obtiennent leur affranchissement. — Voici à titre de curiosité, la traduction d'une chartre d'affranchissement, concernant Villeneuve, Gennevilliers, Asnières, Courbevoie et Puteaux, accordée par l'Abbé de Saint-Denis, Guillaume de Macouris :

A tous ceux qui, les présentes verront, Guillaume, Abbé de Saint-Denis en France et le Couvent du dit lieu, Salut en notre Seigneur. — Savoir faisons, que considérant le péril des ames de nos serfs, tant lorsqu'ils veulent contracter mariage, que lorsqu'ils ont été frappés ou pourront être frappés à l'avenir d'excommunication, comme ils ont dérobé à notre église, non seulement l'impôt dû à cause de notre service, mais encore leurs personnes, et peuvent les dérober à l'avenir ; ayant pris l'avis d'hommes sages, voulant faire œuvre de piété, avons affranchi et affranchissons nos serfs de nos villages de La Garenne, savoir: — *Villeneuve, Gennevilliers, Asnières, Colombes, Courbevoie et Puteaux, demeurant à présent dans ces villages, leurs femmes et leurs descendants présents et à venir, de toutes dépendances de servitude, auxquelles ils étaient tenus envers nous, auparavant, savoir : formariage* (taxe versée au Seigneur par le serf qui désirait obtenir la permission de contracter mariage avec une femme d'une autre condition ou d'une autre Seigneurie que la sienne) — *chevage,* (impôt personnel payé par les serfs ou hommes de corps) — *mainmorte,* (taxe versée au Seigneur par les enfants d'un serf, pour le rachat de l'héritage de leur père, qui en droit était la propriété du Seigneur) *et tout autre genre de servitude, sous quelque nom qu'elle soit imposée, et leur donnons la liberté, sauf tout le reste de notre droit et les autres coutumes de notre Eglise. — Nous ne les dispensons pas, toutefois, du respect et des autres soumissions que le droit exige des affranchis, pour leurs libérateurs, en raison du droit de patronage. — De plus, il est à savoir que si quelqu'un des dits serfs, après cet affranchissement, prend femme dans notre famille, suivant l'ancienne coutume de notre Eglise, il sera adjuré de subir la condition de sa femme, nonobstant le privilège de l'affranchissement. — Nous conservons aussi sur les dits serfs de l'un et l'autre sexe, tous les droits de justice que nous aurions sur nos autres hommes, affranchis ou libres. — Consentant néanmoins que les dits serfs de l'un et de l'autre sexe, soient exempts, dans la ville de Saint-Denis, du paiement de tout droit de botage* (droit sur la vente des vins), *de chaucée,* (prestation pour l'entretien des routes) *et de tonlieu,* (droit de place sur foires et marchés) *mais seulement en temps qu'il est coutume de ne pas percevoir sur la vente des œufs et du fromage, aussi longtemps qu'ils demeureront dans les dits villages de La Garenne, sauf les autres tonlieux et les autres coutumes qui seront acquittés par eux, dans la ville de Saint-Denis, comme les acquittent les autres serfs affranchis de nos autres villages. — Nous voulons de plus et de leur consentement, que dans les dits villages de La Garenne, le forage* (droit sur le débit des vins dans les tavernes et auberges) *du vin, nous soit payé par les marchands-taverniers ; toutefois ils ne seront pas tenus de payer plus de 6 deniers par tonneau.*

Nous accordons encore la dite liberté aux serfs dessus dits, à leurs femmes, à leurs descendants de l'un et l'autre sexe, vivant isolément partout où ils se transporteront, excluant de la dite liberté, nos autres serfs, hommes et femmes. — Il est à savoir encore, que les dits serfs, pour la dite liberté, ont donné à nous et à notre Eglise, 1.700 livres parisis, (fr. 6.500 environ aujourd'hui) pour être employées à acquérir les revenus et agrandissements de notre Eglise. — En témoignage de quoi et pour en transmettre la mémoire dans les temps à venir aux dits serfs et à leurs descendants, nous avons requis les présentes, confirmées par l'apposition de nos sceaux. — Fait l'année de Notre-Seigneur, 1248, au mois de Novembre.

Dès cette époque, il n'y a donc plus de serfs dans toute l'étendue de Villeneuve, Gennevilliers, Asnières, Colombes, Courbevoie et Puteaux, et les habitants plus particulièrement intéressés aux progrès de leurs villages, vont essayer de faire de nouveaux efforts pour arriver, avec l'aide des Moines, au développement de cette région, car depuis près de 500 ans, Suresnes et les villages environnants n'ont cessé d'être ravagés par les guerres : — Depuis le milieu du ix° siècle, les hordes barbares de l'Europe septentrionale remontent la Seine, faisant des incursions sur ses bords. Du côté de Rueil et de la Malmaison, la population fuit devant l'envahisseur et se cache dans les cavernes ou dans les tombeaux. Les monastères sont pillés, les Eglises sont détruites ! Après les Normands de Rénier, de Bioern, de Sigefroy, de Rollon, les épidémies frappent ceux qu'ont épargnés les massacres et la famine fait son apparition. — En 1032, le *muid* de blé valut jusqu'à 50 sous d'or, ce qui représenterait aujourd'hui, environ *5.000 francs !* — (Le *muid* de grain était de 12 setiers de 12 boisseaux chaque, soit 144 boisseaux ou 2.304 litrons. Le litron = 36 pouces cubes. — Le *sou d'or*, monnaie d'origine romaine, vaudrait *cent francs* et plus, de nos jours). — Les oiseaux et les animaux domestiques furent dévorés jusqu'à leur totale disparition ; après avoir englouti les racines des arbres et les herbes de la rivière, certaines chroniques nous disent qu'on vit des hommes se jeter sur les nourritures les plus rebutantes et se saisir même, au hasard des rencontres, des plus faibles d'entr'eux, pour les dépecer, les faire cuire et s'en rassasier !

***

Il est encore parlé de l'*Atrium de Colombes,* dans un procès-verbal de 1250 : Odo de Colombes, avant de suivre Louis IX en Terre-Sainte, rend hommage à l'abbé de Saint-Denis et mentionne l'*Atrium de Colombes* et *Courbevoie entièrement.* — Mais en 1309, il n'en est plus question, dans l'hommage de Messire Hervé de Colombes qui, après avoir été créé chevalier par Philippe-le-Bel, vient d'entrer en possession du fief de

Courbevoie et de la Garenne. — Enfin, en 1350, Jean de Colombes, dernier du nom et contrôleur de la chancellerie Royale, n'en est plus possesseur.

Ici, une lacune nouvelle existe malheureusement dans l'histoire de Courbevoie. Comment pourrait-on s'en étonner : Les Anglais et les bandes mercenaires de Charles le Mauvais, sont survenus et ont achevé la destruction de ce qui était resté debout ou commençait à renaître.

En 1358, les habitants d'Asnières, Gennevilliers, Colombes, Suresnes, Rueil et Saint-Cloud, sont passés au fil de l'épée. — Tout est pillé jusqu'à Saint-Denis !

Au début du règne de Charles VI, les querelles des Armagnacs et des Bourguignons, se vident de nouveau sur les bords de la Seine, entre Courbevoie et Saint-Cloud.

En 1400, la misère est si grande, que les terres demeurent sans être utilisées ; chacun est las de semer et de bâtir pour alimenter le vol et l'incendie ; les plaines sont au pouvoir des corbeaux ! — En 1430, Saint-Denis changea trois ou quatre fois de maîtres, en moins d'un mois ! — Le 1ᵉʳ mai 1435, le parti des Armagnacs s'en est emparé, après avoir, sur son passage, violé et massacré les femmes, pendu les hommes, les uns par les pouces, les autres par les pieds ! — Quelques semaines plus tard, les Anglais, à leur tour, assiègent la ville. Comme il ne reste plus rien à glaner dans les campagnes, ceux-ci, pour se confectionner des abris, arrachent jusqu'aux portes et aux fenêtres, des quelques maisons qui subsistent encore. — En avril 1436, les troupes fraîches envoyées de Paris, par les gouverneurs anglais, entrent dans l'Abbaye, font main-basse sur l'or et l'argent des reliquaires et enlèvent même les nappes des autels. — Seuls, les soldats du Seigneur de l'Ile-Adam, purent mettre fin à un pareil état de choses, en exterminant les dévastateurs.

. (C'est vers cette époque, que l'on vit arriver à La Chapelle, une compagnie de Bohémiens aux cheveux crépus et à laquelle Paris avait refusé l'entrée. Conduits par des officiers affublés de titres nobiliaires, le visage basané, les oreilles ornées d'anneaux et, accompagnés de femmes plus hideuses encore qu'eux-mêmes, ils venaient, disaient-ils, de la Basse-Egypte et racontaient, qu'étant Sarrazins, ils furent forcés par les chevaliers Francs, vainqueurs de l'Orient, d'embrasser la religion chrétienne, qu'ils abandonnèrent du reste, bientôt. — Obligés de fuir avec leurs enfants, il leur fut ordonné, pour expier leur apostasie, de courir le globe, sans pouvoir se coucher dans des lits ; de là, leur surnom de *pénanciers* ou *pénitenciers*. — Le concours immense de curieux, attirés par les pratiques devinatoires des femmes de la tribu, les fit bientôt accuser de magie et de vol et les força à lever leur camp. Après s'être dirigés sur Pontoise, ces nomades, peu à peu, se répandirent dans toute la France. — Sous Louis XIV, leur nombre était considérable et la petite colonie qu'aujour-d'hui nous voyons se développer au *Rond-Point-des-Bergères*, sur Puteaux, pourrait bien avoir été formée par quelques-uns de leurs descendants.)

N'avons-nous pas vu, en ces dernières années, dans une de nos villes de province avoisinant la frontière italienne, raconte M. Henri Bordeaux, une troupe de bohémiens poussée comme le bétail sur un champ de foire, s'abattre sur le banc des prévenus dans une salle de police correctionnelle. Vêtus de haillons bariolés, dans un mélange de couleurs fripées qui tiraient l'œil et que les rayons du jour frangeaient d'or, ils apportaient la vision d'un carnaval de mendiants. La vermine et la misère les rongeaient sans les enlaidir. Leurs figures avaient gardé le reflet d'une existence large et libre ; giflées par le vent, tannées par le grand air, brûlées de soleil, elles resplendissaient de beauté sauvage. Un maigre vieillard qui tenait du bandit romantique les conduisait. Au milieu de vieilles sorcières, de brunes fillettes de quatorze ans, dépeignées et farouches et d'enfants ébouriffés, était installée une jeune femme plus blanche que ses compagnes, aux cheveux noirs collés sur les tempes, dont la taille déformée révélait la maternité prochaine et qui plissait la bouche dans un sourire d'extase en fixant un beau garçon de 25 ans, mince et bronzé, droit comme un jeune arbre.

— D'où venez-vous ? Où allez-vous ? demanda le Président au vieillard. — Et celui-ci, étendant le bras d'un geste ample et vague : *Nous, marcher, marcher toujours. Autriche, Italie, France, pas de pays pour nous. Nous, marcher jusqu'à mourir.*

Ne sont-ce point là les mêmes paroles que celles que prononçaient déjà ces nomades au xiv° siècle ?

** **

Charles VII alors, était arrivé aux portes de la Capitale et, soucieux de faire disparaître toute trace de guerre, ne tardait pas à accorder partout, de grands privilèges. — Il est à présumer que Courbevoie, après avoir eu sa part des souffrances endurées, eut également celle des bienfaits. — Mais il nous faut arriver jusqu'en 1571, pour retrouver, dans un document, le nom de ce fief tombé à l'état de garenne.

** **

Etablie tout d'abord d'après les *coutumes féodales*, la garenne de Saint Denis était assise sur les village de Gennevilliers, Asnières, Courbevoie et Colombes. Le chef-lieu, où se trouvait le logement du fermier, en était le petit bois en *buissons* et *connils*, situé entre Colombes et Courbevoie. Le gibier y pullulait, se répandant également sur le territoire des autres villages, où il produisait des ravages considérables, sans qu'il fût permis aux habitants, de s'en défendre et d'y

toucher, sous peine d'amendes et de punitions corporelles.
— Une ordonnance de Charles IX, rendue dans ce sens, en
1571, à la requête de l'Abbé de Saint-Denis, défendait aux
manants et habitants de Colombes, Nanterre, Puteaux, Courbevoie, Gennevilliers, etc., de se trouver sur les terres qu'ils
possèdaient ou cultivaient dans la garenne, — non seulement
porteurs d'arcs, d'arbalètes, d'arquebuses, d'escopettes, de
collets, de filets, de furets, mais, même accompagnés de
chiens, si ces derniers n'avaient un bâton suspendu au cou
et, les jarrets de derrière, coupés.

Les passeurs des bacs de Neuilly, d'Asnières, d'Argenteuil,
de Bezons ou d'autres ports, avaient à se défendre, dans de
pareilles conditions, contre les habitants de Paris, à quelque
catégorie qu'ils appartinssent, sans excepter même les gentils-
hommes. Ainsi que nous le verrons plus loin, ce droit
tomba bientôt en désuétude; la monarchie, qui s'appuyait
de plus en plus sur le peuple, combattit à outrance cette servitude impopulaire et, vers le milieu du xviie siècle, les *coutumes* modifiées, du pays de Parisis, retirent aux Seigneurs
le droit de garenne sur les héritages des particuliers, et les
obligent en outre, à clôturer leurs garennes par des murailles,
ou tout au moins de fossés profonds, remplis d'eau. — C'est
la création des parcs à gibier ou *chasses gardées*.

Pour vous donner une idée de la valeur du terrain dans
la seconde moitié du xvie siècle, le titre d'une vente faite
à Courbevoie, le 2 mai 1566, sous le règne de Charles IX,
nous apprend qu'une pièce de huit arpents, fut acquise par
Philippe Hardy, bourgeois de Paris, pour la somme de *neuf
livres quatre sols tournois* (environ 40 francs de notre monnaie).

Dans la *coutume* de 1580, les moines de Saint-Denis conser-
vaient encore, malgré la charte d'affranchissement de l'abbé
Guillaume, le titre de *Seigneurs de Courbevoie*. — Eustache-
Le-Bossu, — Jean Le Bossu, avocat général à la Cour des
Aides, — René Le Bossu, son fils, savant philosophe et rhéto-

ricien, — un quatrième Le Bossu, — M. de la Salle et les Dames de la Brosse, possédèrent successivement ce même titre jusqu'à la Révolution.

Les habitants avaient obtenu la permission de construire une chapelle, dans laquelle le vicaire de Colombes venait dire la messe. Mais on ne pouvait alors établir le nombre de feux existant à Courbevoie, parce que ses ressortissants étaient confondus avec ceux de Colombes qui était *la Paroisse*. Ils étaient liés à ceux-ci, par l'*affouage*, sorte d'état qui se dressait dans l'Ile-de-France et autres provinces où *les Tailles* étaient *réelles*, c'est-à-dire levées sur les héritages roturiers seulement. Il avait pour but de faciliter la levée des impositions mises sur la province, en réglant le nombre des feux de chaque paroisse.

Ce droit de *Taille*, qui dura depuis Charles VII jusqu'en 1789, portait sur les revenus des biens-fonds. — Comme l'évaluation du revenu de chacun, n'était pas aisée à déterminer, on l'établissait par des procédés analogues à ceux qui sont aujourd'hui proposés pour *l'impôt sur le revenu*, c'est-à-dire sur *les signes extérieurs*. — Le marquis d'Argenson rapporte un exemple de la façon dont s'y prenaient les agents du fisc, pour les apprécier : — « Un élu est venu dans le village où « se trouve ma maison de campagne — écrit-il dans son jour- « nal, — et a dit que cette paroisse devait être fort augmentée « à la *taille*, cette année, qu'il y avait remarqué des paysans « plus gras qu'ailleurs, qu'il avait vu sur le pas des portes, « des plumes de volailles, qu'on y faisait donc bonne chère, « qu'on y était bien. » — Admirable logique, qui transformait en revenu, l'embonpoint des gens. — Cet impôt, qui frappait moins la fortune d'un individu, que l'individu dans sa fortune, ou dans celle qu'on lui attribuait puisque l'arbitraire des collecteurs était pour ainsi dire illimité, cet impôt était devenu à ce point odieux, que sa disparition causa un enthousiasme général. — La *Constituante* supprima la *taille*, déclarant que l'impôt devait porter sur les choses et non sur les personnes.

L'une des façades du Pavillon de la Rue de 'a Montagne tel qu'il est aujourd'hui. (Page 27).

(Cliché Bouillette).

C'est cette même réforme, si bien accueillie à ses débuts et
dont une expérience de plus d'un siècle a prouvé le mérite,
que l'on prétend réformer à son tour, en rétablissant dans
notre organisation fiscale, sous l'appellation *d'impôt sur le
revenu*, une pratique renouvelée de l'ancien régime et univer-
sellement condamnée par les infortunés qui connurent le
poids de ses soi-disant bienfaits.

*
* *

Nous sommes à une époque où les guerres de religion déso-
lent de nouveau la France. — Les calvinistes se sont emparés
de Saint-Denis et, sous les murs mêmes de la ville, se livre la
bataille où le Connétable de Montmorency finit sa longue
carrière.

En 1590, Henri IV est définitivement vainqueur et, en
attendant la conquête de Paris, ses officiers font à Montmartre, celle des religieuses de Fontevrault, qui s'y trouvent.
— Parmi elles, il y a une vierge de 17 ans, Marie de Beauvilliers. Le Roi la voit et s'en éprend follement. Obligé, peu
après, de quitter Montmartre, le Béarnais ne peut se résoudre
à y laisser la jolie novice; celle-ci consent à le suivre à
Senlis. — Elle y fut, dit la chronique, magnifiquement reçue,
mais, malheureusement pour elle, aussi vite oubliée qu'elle
avait facilement cédé. — A Cœuvres, où il s'arrête pour aller
à Compiègne, Henri IV brûlait déjà d'une flamme nouvelle :
Gabrielle d'Estrées, dont le nom sera plus tard sera si souvent
prononcé à propos de Courbevoie, s'est emparée du volage
amoureux. Elle a un peu plus de 16 ans et, le hasard veut
qu'elle soit propre cousine de Marie de Beauvilliers qui,
dépitée et jurant peut-être un peu tard qu'on ne l'y prendrait
plus, retourne sans hésitation à son couvent, où on la reçoit
à bras ouverts.

(Il faut croire toutefois qu'Henri IV ne cessa de conserver quelque sentiment d'affection pour cette Beauvilliers, puisqu'en 1598, c'est-à-dire, huit ans après, il la nommait *abbesse* de ce même monastère de Montmartre. La dignité qui lui avait été conférée, un peu plus d'âge et, peut-être le remords, l'avaient rendue plus sage. Elle résolut de mettre fin aux désordres qui se continuaient dans son cloître et lutta, sans y parvenir, pendant plusieurs années; les religieuses dont l'impudence et le libertinage avaient depuis longtemps pris la place des tranquilles vertus de la vie monacale, se portèrent contre elle aux extrémités les plus violentes, allant même jusqu'à employer le poison pour la faire disparaître; des antidotes pris à temps, sauvèrent la vie de l'abbesse, mais sa santé en resta ébranlée pendant les longues années qu'elle vécut encore et qui lui permirent toutefois de rétablir dans cette abbaye de Montmartre, la règle primitive de l'ordre de Fontevrault, si longtemps méconnue.)

*
* *

C'est précisément au sujet de cette liaison d'Henri IV et de Gabrielle d'Estrées, ainsi que des séjours qu'ils auraient pu faire à Courbevoie, que mes recherches ont été le plus laborieuses. — Il y a, rue de la Montagne, un pavillon que la tradition locale désigne sous le nom de *château de la Belle-Gabrielle* et qui passe pour avoir appartenu à la jolie maîtresse d'Henri IV. — On montre même, au premier étage de cette maison, faisant face à la Seine, une sorte d'œil-de-bœuf par où, dit on, Gabrielle épiait discrètement l'arrivée de son royal amoureux. — Nous ne saurions le croire, car le lieu qu'occupe ce bâtiment, les grands murs mystérieux qui l'entourent, les caves spacieuses et admirablement construites que renferment ses sous-sols et au-dessus desquelles se voit encore l'emplacement possible d'un pressoir à vin, enfin, le

nom même de la rue (Montagne-des-Moines), tout indique
que c'est là, qu'en 1658, c'est-à-dire environ soixante ans plus
tard, J.-B. Forne, ancien Consul de Paris et Administrateur
de l'Hôtel-Dieu, fonda, avec le concours d'Olivier Maréchal,
ce couvent des *Pénitents*, dont parle l'Abbé Lebeuf, et qui, en
1660, ne contenait encore que huit congréganistes possédant
à Courbevoie 1300 livres de rente. Ce couvent, fermé et en
parti démoli, au moment de la Révolution, passa ensuite aux
mains d'une dame Arnoux.

Si, d'autre part, la construction du pavillon de la rue de la
Montagne est antérieure à la fondation de Forne, la salle des
Gardes du rez-de-chaussée, en ogives, pouvant à la rigueur le
laisser croire, ce bâtiment n'aurait pu être qu'un pavillon de
chasse et de rendez-vous à l'occasion, où le Béarnais, suivant
l'usage établi autour des domaines et menus-plaisirs royaux,
(tel était le cas de la Garenne-Colombes) avait le droit royal
et Seigneurial de *past* ou de *gîte,* qui lui assurait le vivre et le
couvert, à la suite de chaque distraction cynégétique ou
autre. Le Roi jouissait de ce privilège à Colombes, Asnières,
Puteaux, Clichy, Boulogne, Suresnes et Nanterre, pour notre
région. — Pierre de l'Estoile raconte que « le vendredi 17
« mars 1595, tandis que Paris était sous le coup d'un orage
« effroyable, pendant lequel le tonnerre et la pluie faisaient
« rage, le Roi était à la campagne et chassait autour de Paris,
« avec sa Gabrielle. — Ils étaient côte à côte, le Roi lui tenant
« la main. — Elle était à cheval, montée en homme, toute
« habillée de vert, et rentra à Paris avec lui, dans ce costume. »
— Mais rien ne prouve que ce fût à La Garenne où à Courbevoie, qu'eût lieu cette équipée ; Henri IV chassait plus volontiers à Saint-Germain. — Gabrielle alors, n'était encore que
marquise de Monceaux. — Le « Journal » de Pierre de l'Estoile, au temps de Henri III et de Henri IV, est sujet à cau-
tion ; il fourmille de souvenirs transcrits, au jour le jour,
rapportant des évènements tels qu'on les lui a racontés, sans
s'inquiéter beaucoup de leur vérité historique. — En 1596, le
Roi et le Duc de Mayenne se trouvèrent ensemble à Monceaux, en compagnie de Gabrielle et de sa sœur Diane.

Il ne m'a donc pas été permis d'acquérir la conviction que Gabrielle d'Estrées ait dû habiter, même temporairement Courbevoie.

Dans les *Dossiers Bleus* du département des manuscrits, à la Bibliothèque Nationale, figure la pièce originale par laquelle Henri IV accorde à Gabrielle d'Estrées, une pension de *500 écus* par mois, ce qui représenterait aujourd'hui environ 7.500 francs. — Cette pièce est datée du 1er Février 1594. — Les mêmes *Dossiers* renferment des récépissés de cette mensualité touchée par la bénéficiaire, ainsi que des actes de donations faites à son frère, le Marquis de Cœuvres.

Il est certain que cette mensualité de 500 écus, était bien trop minime pour avoir permis à Gabrielle d'afficher le luxe dans lequel elle ne cessa de se complaire et, que la générosité de son royal amant ne dut à aucun moment se ralentir, puisque nous savons par la correspondance de l'Ambassadeur de Venise (lettre du 29 mai 1599) et par le récent et intéressant volume de Desclozeaux sur la *Duchesse de Beaufort* dans lequel figurent quantité de documents appartenant aux collections bibliographiques de M. le Comte Albert de Bertier de Sauvigny, aujourd'hui propriétaire du château de Cœuvres, que d'après l'inventaire qui fut fait à sa mort, ses revenus étaient d'environ 20.000 écus ; (300.000 francs de rente de notre temps) que, de plus, ses joyaux, bagues, pierreries, trouvés tant à Paris, qu'à Fontainebleau chez le Roi, ont été estimés 200.000 écus, soit 3 millions de notre monnaie. D'autre part, le mobilier de Paris et de Monceaux, les habillements et la vaisselle d'argent, furent estimés à 100.000 écus, soit 1.500.000 francs d'aujourd'hui. — Pour les autres domaines possédés par Gabrielle d'Estrées, tels que Vandeuil, Crécy, Jacquis, Beaufort, Jaulcourt, Largicourt, Saint-Jean-les-deux-Jumeaux etc, on ne trouve que des titres notariés ; aucun de ces titres ne parle de La Garenne ou de Courbevoie.

La chronique scandaleuse a représenté Gabrielle, fort injustement je crois, comme ayant dépassé de beaucoup l'inconduite des femmes de son temps. L'exagération évidente de tous les récits qui ont été publiés, est la preuve de leur fausseté. Comment croire aux désordres dans lesquels se serait écoulée sa brève existence, alors qu'il eût fallu les placer tous, avant sa première entrevue avec Henri IV, en novembre 1590, lorsqu'elle n'avait pas encore atteint sa 17° année.

Je ne puis résister au plaisir de donner ici quelques notes, intéressantes surtout pour les dames qui m'écoutent, en ce sens qu'elles feront comprendre à quelles prodigalités dans sa toilette, se voyait astreinte celle qui, à la fin de ce xvi° siècle, passa pour la plus jolie femme de son époque.

On sait qu'à Paris, elle occupa d'abord l'*Hôtel du Bouchage* situé sur l'emplacement de l'ancienne construction du Grand-coq achetée en 1584 par Henri de Joyeuse Comte du Bouchage, avant d'entrer dans cette maison des Trois-pas-de-Degré, dont le terrain forme aujourd'hui une partie du Square du Louvre, place du Carrousel, là où se trouve la porte Visconti. — Par un jardin, les offices et les cuisines, cette habitation communiquait avec l'appartement du Roi, au Louvre. — La porte en était gardée par quatre pages du Roi, qui nuit et jour étaient de service auprès de Gabrielle.

C'est dans cette maison que se commença l'inventaire dont nous parlons plus haut et qui, entr'autres curiosités, fit découvrir, dans une malle de cuir, le fameux lit de camp, garni de passementeries et de franges de soie verte, que la belle emportait pour coucher sous la tente, lorsqu'elle suivait le Roi, dans ses campagnes. — Car elle se conduisait fort bravement devant l'ennemi; nous en avons la preuve au siège de Dreux, en 1593 et à celui d'Amiens, en 1597.

Parmi l'argenterie, on y retrouva également quelques-unes de ces exquises petites fourchettes à deux dents, luxueusement montées avec des manches de cristal, d'ivoire ou de corail, qu'avaient mises à la mode les mignons de la Cour de

Henri III et, qu'on n'avait point vues sur des tables, depuis le règne d'Édouard Ier d'Angleterre, vers la fin du xiiie siècle. Gabrielle offrait une de ces fourchettes, à chacune de ses amies, lorsqu'elle les recevait à sa table; de ce nombre, furent Mme Catherine, sœur du Roi, la Princesse d'Orange, Mlle de Guise et d'autres dames de la Maison de Lorraine. — Quand Henri IV et les Seigneurs de sa Cour, mangeaient chez elle, ils conservaient les vieilles coutumes françaises et se servaient de leurs couteaux et de leurs doigts.

Mais arrivons au vestiaire de Gabrielle et entrons dans cette officine aux merveilles, que dirigeait Gilles Aubert, le tailleur. — Là, sur deux grandes tables de bois de chêne, l'artiste et ses aides coupaient, plissaient, gaufraient, tailladaient les étoffes merveilleuses sorties des Flandres, d'Italie et d'Orient. C'est là que se mettaient en œuvre les patrons de robes nouvelles arrivant d'Outre-Monts et que bientôt toutes les Dames de la Cour s'empressaient d'imiter. Combien d'entre elles ont dû, anxieuses, aller frapper à cette porte de Gilles Aubert, pour chercher à surprendre le secret d'un vêtement en cours de travail.

Robes, manteaux, cotillons aux couleurs éclatantes, bonnets, coiffes, chaussures de velours de toutes couleurs, bottes de maroquin, vertugalles, vertugadins, cottes et pièces d'étoffes, sortent à profusion des bahuts, des coffres et des armoires où ils sont enfermés. Tout ce que l'art, le bon goût, l'éclat des couleurs, l'élégance extrême put produire pour embellir cette reine de la mode, ne fut arrêté par aucune considération mesquine d'économie. — Nos couturiers d'aujourd'hui n'ont rien inventé.

Nous n'avons pu retrouver le chiffre total de l'expertise du vestiaire de Gabrielle, mais voici, dans le trousseau qu'elle avait préparé pour ses noces, — une robe de velours incarnadin d'Espagne, toute en broderie d'or et d'argent fin, avec des soies jetées sur les canetelles, que Nicolas Fleury, le brodeur à la mode d'alors, compta 1.000 écus, c'est-à-dire, environ 15.000 francs de notre monnaie.

Une autre robe remarquable est prisée 700 écus ; elle est en toile d'argent, chamarrée de passementerie d'argent clinquant d'un pouce de large, avec du passepoil de satin incarnadin. Cette robe contient 10 lais ; le corps a de grandes manches à l'Espagnole, chamarrées de même, manches doublées de satin incarnadin et brodées d'argent, avec les chiffres entrelacés du Roi et de Gabrielle.

En voici une, de satin couleur de pain bis, donnant mieux la note de l'époque, découpée, chamarrée de passements trois-à-trois d'argent clinquant, avec des passepoils de satin incarnadin, garnie de manches de même satin doublées de taffetas incarnadin fendues sur les bras et ornées de boutons et de boutonnières d'argent. — Puis, c'est une robe de satin noir, chargée de broderies et de jais sur tout le corps, manches ouvertes et à pointes. — Une robe de velours vert découpé en branchages brodés d'or et d'argent, doublée de toile d'argent et chamarrée de passements d'or, d'argent, garnie de grandes manches à la Bolonaise, avec boulets, — 800 écus — 12.000 francs d'aujourd'hui. — Une autre robe est de satin vert découpé à grandes taillades ; — une autre de taffetas de Florence ; — une autre est en gaze noire, doublée de satin blanc, avec le corps et les manches découpés par bandes et les passepoils de satin gris-de-lin ; — une autre, est à bandes alternatives, satin blanc, satin noir. — Et, dans la série interminable de ces costumes, je remarque encore une robe de damas noir, chamarrée de passements, houppée par le bas et garnie de manches ouvertes de satin incarnadin à bouillons et feuilles de chêne.

Parmi les vêtements d'intérieur, voici un saut-de-lit de damas incarnat, fourré de petit-gris et, garni, le devant et les manches, de boutonnières d'argent. — Un second manteau de chambre, est de satin et velours « feuilles-mortes », à fleurons d'argent d'un côté et de pluche colombine claire, garni de gros boutons d'or et d'argent, tant par devant que sur les manches.

Dans les vêtements habillés, l'un d'eux est de satin blanc,

chamarré partout de passement d'argent clinquant large
d'un pouce, avec des passepoils de satin incarnadin ; — il est
doublé de taffetas blanc. Le bas de ce manteau contient
10 lais ; le corps est garni de manches à la Bolonaise — prisé
300 écus, soit 4.500 francs. — Un autre, de toile d'argent,
est prisé 500 écus. — Un troisième manteau, encore de toile
d'argent, a de grandes manches à pointes, à la Piémontaise.
— Puis, en voici un, en gris de Naples incarnadin, chamarré
de sept passements d'argent, par bas clinquant, garni de zibe-
line extra (alors appelée *Sublime*) — 500 écus, environ
7.500 francs d'aujourd'hui. — Nous arrivons à la pièce la plus
riche de toute la série des manteaux de Gabrielle : — celui-ci,
est en toile d'argent incarnadin, en broderies de perles et argent pour le bandage, avec le corps et les grandes manches
à la Piémontaise ; les dites manches brodées d'or et d'argent
et doublées de toile d'argent. — La robe la plus chère était
de 1.000 écus ; ce manteau-ci est prisé 1.200 écus, soit
18.000 francs de nos jours. Ce vêtement paraît avoir été
assorti à l'une des robes de noces, décrite plus haut : robe en
toile d'argent, manches à l'espagnole, doublées de satin incarnadin, avec les chiffres du Roi et de la Duchesse, entrelacés, brodés sur le corps.

D'autres manteaux moins somptueux, mais remarquables
cependant par leur élégance et la variété de leurs couleurs,
passent encore sous nos yeux : — manteaux de satin blanc,
— de satin noir, — ou de taffetas noir à taillades, doublés de
taffetas jaune-paille ; — d'autres, de taffetas noir découpé et
doublés de taffetas couleur Isabelle, — de taffetas blanc découpé et doublés de taffetas incarnat. — En voici un, de satin
couleur de pain bis, découpé, doublé de taffetas incarnat,
garni de manches ouvertes bordées de passements d'argent
et accompagné d'autres manches de rechange, en satin vert.
Ce manteau paraît également avoir été assorti à la robe
« pain bis », dont il est parlé plus haut. — Et encore un
autre manteau de taffetas gris doublé de taffetas zizolin, — et
un de taffetas vert, doublé de taffetas incarnat.

Si nous passons aux cotillons, ceux-ci ne le cèdent en rien

Portrait authentique de Gabrielle d'Estrées, duchesse de Beaufort.
(Page 29).

(Reproduction d'un crayon appartenant à la Bibliothèque Nationale).

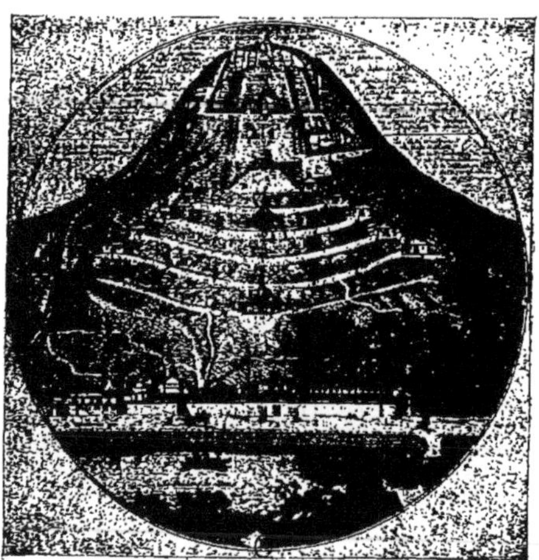

Le Calvaire du *Mont-Valérien, avec ses stations et ses chapelles, son cloître, ses cellules pour les retraites et ses logements pour les pèlerins. Sur la gauche il y avait sept petites maisons, représentant les sept mystères Joyeux de la Vierge.* (Page 41).

(Bibliothèque Nationale. Topographie de la France).

aux vêtements de dessus ; les élégantes ne manquaient pas d'en mettre plusieurs ; tous ceux de la Belle Gabrielle mériteraient d'être décrits. — En voici un, en drap d'or de Turquie, figuré à fleurs incarnat, blanc et vert, doublé de taffetas vert, contenant 6 lais et bordé d'un galon d'or ; — en satin blanc à fleurs d'or et de soies de plusieurs couleurs, bordé de taffetas vert et d'un galon d'argent, — et quantité d'autres en velours zizolin, en velours vert, en satin jaune-paille, en satin Isabelle, etc., etc. — Puis, ce sont des cottes de satin incarnat, doublées de taffetas vert, avec broderies d'or et d'argent ; — de taffetas blanc doublé de taffetas incarnat, avec bandage de fleurs de soie en broderie de plusieurs couleurs.

Enfin, des costumes de cheval verts et argent, des manchons, des mouchoirs brodés d'or et de soies de couleur, des vertugalles de damas et des vertugadins de toutes nuances ; (le vertugalle était une sorte de crinoline de forme ronde ; — le vertugadin était une crinoline aussi, mais d'envergure plus raisonnable), des bas et des chaussures de velours, brodés d'or et assortis aux robes ; — des corsets, — de ces sortes de corsets qui étaient de vrais instruments de torture, avec buscs d'acier, baleines et éclisses de bois et vigoureusement serrés par derrière, jusqu'à aplatissement de la gorge, pour laisser croire à une poitrine de jeune fille ! — Le corset fermé, la taille était réduite au point de pouvoir être comparée à celle d'une guêpe. — Lorsqu'à cette taille, venait s'ajouter un cerceau d'acier soutenant un grand vertugalle de damas sur lequel s'attachaient plusieurs cottes et cotillons d'étoffes lourdes qui devaient bouffer et retomber ensuite tout droits de façon à donner l'image d'une tour ronde, on peut se figurer, sans parler des corsages, des manches à bourrelets plus larges que la taille, des collerettes tuyautées et empesées, des toques et des bijoux, on peut se figurer, dis-je, de quel poids devait être une toilette de cérémonie à cette époque. — Et il fallait savoir, d'une main, relever sa robe et ses cotillons de façon à étager régulièrement leurs couleurs voyantes et à découvrir la chaussure et les bas assortis à la robe. En marchant, un léger mouvement de hanches, imprimant un balancement au tambour du vertugalle et aux jupes, était du meilleur ton.

Cette première partie du procès-verbal concernant le vestiaire de Gabrielle, à la rédaction duquel, Miron, lieutenant-civil, consacra toute sa journée du samedi 24 avril 1599, contient douze folios grand-format, en parchemin, écrits au recto et au verso, d'une belle écriture gothique, fort lisible.

*
* *

Une légende veut également que Gabrielle d'Estrées ait été inhumée à Bezons, alors que les documents sont là, pour nous prouver qu'en 1599, devenue duchesse de Beaufort depuis 1597 et, étant sur le point d'accoucher, elle se rendit de Fontainebleau à Paris et logea chez Zamet. — Le 8 avril, après son dîner, elle voulut assister *aux Ténèbres*, dans l'église du Petit-Saint Antoine, — à sa rentrée chez Zamet, qui était en quelque sorte son homme d'affaires et, en se promenant dans le jardin de celui-ci, elle reçut les premières atteintes d'une congestion cérébrale, bientôt suivie de violentes convulsions. — Dès que cela fut possible, le soir même, on la transporta chez la Dame de Sourdis, sa parente, dans le cloître de Saint-Germain-l'Auxerrois et, c'est là qu'elle s'éteignit le surlendemain, à sept heures du matin. — A la nouvelle de sa maladie, le Roi partit de Fontainebleau, mais, en arrivant à Villejuif, il apprit la mort de la favorite. — Très chagriné, il rebroussa chemin. — Ce fut une triste fin pour Gabrielle, car elle allait devenir Reine de France ; Henri IV, afin de pouvoir l'épouser, avait à ce moment-là, déjà introduit une instance à Rome, pour obtenir son divorce d'avec Marguerite de Valois.

Les funérailles se firent le 17 avril et, sur l'ordre du Roi, eurent le caractère de celles d'une princesse de sang. — Une effigie de la défunte, en stuc, fut, suivant l'usage, exposée pendant quatre jours, sur un lit élevé de trois degrés, dans un vestibule du Doyenné, où tout Paris défila. — Ce lit, aux couleurs royales, c'est-à-dire de velours cramoisi, garni de glands d'or, avait été commandé par Gabrielle, pour être placé dans la chambre des Reines au Louvre, au jour de son mariage. Il ne servit qu'à la cérémonie de ses funérailles. — Une messe fut dite dans l'église voisine de Saint-Germain-l'Auxerrois et, les corps réunis de la mère et de l'enfant, furent transportés en grande pompe à Saint-Denis, où eut lieu le service solennel ; puis, de là, dans les caveaux du monastère de Maubuisson, dont l'Abbesse était l'une des propres sœurs de Gabrielle. — Cette tombe fut violée à l'époque de la Révolution, lors du sac de l'Abbaye ; un fragment du bas-relief qui la surmontait, fut retrouvé par Lenoir et placé au musée de Laon, où il se trouve aujourd'hui.

Il est regrettable qu'en France, au point de vue documentaire, quelques-unes de ces effigies royales, en cire ou en stuc, dont la ressemblance avec le défunt était souvent frappante, et qui remplaçaient à l'insu du peuple, les corps exposés sur le catafalque, ne soient point parvenues jusqu'à nous. — Revêtues d'un manteau d'or, avec, sur la tête, une couronne, elles étaient généralement placées de façon à paraître assises. — Les parents se tenaient aux alentours et, aux heures des repas, les valets de chambre, les gentils-hommes et les officiers de bouche, présentaient des mets à l'effigie, comme si rien n'eût été changé dans le service ordinaire de la table de celui ou de celle qui n'était plus.

Il y a une dizaine d'années, à l'un de mes voyages en Angleterre, j'eus l'occasion de retrouver quelques-uns de ces mannequins d'apparat, dans l'Abbaye de Westminster. — Relégués dans un des réduits de la vieille église, au-dessus de cette nef célèbre et si justement appelée : *Le coin des poètes*, c'était là une curiosité fort peu visitée, parce que, pour en jouir, il fallait être muni d'une permission spéciale du doyen de l'Abbaye. — Ceux de ces mannequins qui, ce jour-là, furent offerts à ma vue, étaient de grandeur nature, admirablement conservés dans des armoires vitrées, revêtus des beaux costumes et ornés des bijoux sous lesquels ils furent montrés. — Dans le nombre, il y avait la Reine Elisabeth, de son vivant fort laide, tandis que Buckingham et la Reine Anne, faisaient plaisir à voir. La tête de Charles II, paraissait animée; puis, c'étaient le général Monk, Guillaume III et Marie, — la duchesse de Richmond dite « la belle Stuart » et, Nelson, le vainqueur de Trafalgar, dans son costume de guerre.

*
* *

En dehors des maisons de campagne qu'Henri IV avait achetées pour Gabrielle d'Estrées, aux environs de Paris, le Béarnais fit construire à deux cents toises du château de Saint-Germain, une coquette habitation qu'on appela le *Château-Neuf;* l'une des ailes de ce bâtiment, portait le nom de: *Pavillon de Gabrielle.* — Voici la copie d'une lettre du Roi à sa maîtresse, caractérisant bien la destination du *Château-Neuf* de Saint-Germain :

« Mon cher cœur,

« — Ils ont bien fait le diable auprès de ma femme. — Je
« vous verrai demain, au matin et vous conterai tout. »

« — Je veux faire des miennes et je ne désire pas que vous
« soyez ici, afin que l'on ne vous accuse de rien. — Je vais
« demain à Saint-Germain ; préparez-vous à m'y accompa-
« gner, car mardi, je jouerai mes jeux et vous verrez si je
« suis le maître. »

« — Je te donne le bonsoir, mes chères amours, et un
« million de baisers. »

II.

Plus tard, cette habitation nouvelle fut ornée de bustes et de médaillons ; l'un de ces bustes ressemblait trait pour trait au Président Fauchet, auteur des *Antiquités françaises et gauloises,* qui sollicitait depuis longtemps, la récompense de ses travaux littéraires. — Pour s'en débarrasser, le Roi, un jour, lui dit en désignant le buste marqué : — « Monsieur le Président, j'ai fait mettre là votre effigie, pour perpétuelle mémoire. » — Fauchet, peu satisfait, écrivit une satyre, dans laquelle se trouvaient des vers comme ceux-ci ;

> J'ai trouvé dedans Saint-Germain
> De mes longs travaux le salaire :
> Le Roi, de pierre m'a fait faire,
> Tant il est courtois et humain.
> S'il pouvait aussi bien, de faim,
> Me garantir que mon image,
> Ah ! que j'aurais fait bon voyage !
> Je retournerais dès demain.

Henri IV rit de bon cœur de ce trait d'esprit et donna à Fauchet le titre d'historiographe de France, avec une pension de 600 écus.

*
* *

L'imagination populaire s'est trop souvent plu à retrouver partout les ombres enlacées d'Henri IV et de Gabrielle d'Estrées. — Combien de maisons à Paris, ne se flattent-elles pas d'avoir été accueillantes aux bonnes fortunes de ce Roi et combien surtout à Montmartre, où il aimait parfois à se rendre ? — Car Sauval rapporte qu'étant un jour sur la colline et pour jouir du coup d'œil qui s'en dégage, de façon plus piquante, Henri IV se baissa, regarda Paris, entre ses jambes, et s'écria : — « Combien de nids de cocus, j'aperçois d'ici » — Un bouffon nommé Gallet, s'étant mis dans la même posture, répliqua : — « Sire, — je vois le Louvre !... —

Cette boutade fut du goût du Roi, qui s'esclaffa de rire et jeta
sa bourse à Gallet.

Charles Sellier, dans ses délicieuses *Curiosités historiques et
pittoresques* du vieux Montmartre, dit excellemment : — « Si
l'on comptait à Montmartre, toutes les vieilles bicoques qui
passent pour avoir appartenu au Vert-Galant ou à la Belle
Gabrielle, il y en aurait assez pour border les deux côtés de la
rue Marcadet, qui n'a pas moins de trois kilomètres de long. »
— Ce mot lui échappe au sujet d'une sorte de grosse tour
ronde, qu'on voit rue du Mont-Cenis et qui passe pour être
le débris d'un rendez-vous de chasse de Henri IV, alors que
l'œil exercé n'y discerne que la cage circulaire, sinon d'un
ancien colombier, du moins de l'un des modestes et laborieux
moulins qui broyaient autrefois du silex, pour la porcelaine
de Clignancourt.

Elles ne sont du reste pas très anciennes ces histoires
galantes qui voient le bon Henri, partout, en tendre commerce avec la Belle Gabrielle. — Elles datent de l'époque
assez rapprochée de nous, où, sur la Butte, à droite du Sacré-
Cœur, là où s'érige l'architecture d'un palais commercial,
s'élevait une construction en briques, qu'on nommait le
Château-Rouge. — (C'est là, que le 18 mars 1871, les généraux
Lecomte et Clément Thomas, furent tout d'abord conduits,
avant d'être fusillés par les insurgés.) — Pour tout bon Mont-
martrois, le Château-Rouge était un rendez-vous de chasse
qui avait abrité les amours de Henri IV et de Gabrielle d'Estrées. — Par malheur pour cette version, le château n'avait
été construit que près de deux siècles après la mort de nos
amoureux : — c'était du Louis XVI tout pur ! — Mais ce détail
n'arrêta point ceux qui avaient projeté d'ouvrir là, un bal. —
Les lanceurs du Château-Rouge exploitèrent la hantise populaire; la vogue leur sourit. — Dès 1845, on ne parlait plus
que de ce bal champêtre établi dans une propriété *célèbre*,
disaient les réclames, par le séjour qu'y avait fait la belle
fille d'Eve que, dans ses mémoires, Sully appelle : — « Cette
bagasse de Gabrielle. » — La légende était créée par les besoins

de la publicité. On peut retrouver à cet égard, dans la collection du *Charivari*, un dessin où l'un des personnages du sujet, apostrophe ainsi sa danseuse : — « Allons donc, José-
« phine..., de la grâce, du moëlleux, du laisser-aller. —
« Pense que du haut de cette terrasse, l'ombre de la Belle
« Gabrielle nous contemple. — C'était la plus fameuse pol-
« keuse de son temps. »

Et, en dehors du *manoir* de la rue des Saules, qui s'écroula l'année dernière, du *cabaret* de la place Marcadet, dont l'extérieur ne manque point d'une certaine couleur, il y a, rue de la Chapelle, une autre maison connue sous le nom de *rendez-vous de chasse d'Henri IV*. — On croit savoir que c'est celle-là que désigne un historien du Roi, s'exprimant ainsi : — « C'est le quatorzième chastelet que le Roi de France fait bâtir pour nonnes et gentilles dames, en dehors de sa bonne ville de Paris. »

On voit que ce Roi si prodigue de petites maisons clandestines, avait coutume d'aimer coucher à peu près partout, hors de chez lui. Mais plus il construit de reposoirs pour des déesses, moins la légende veut-elle convenir, qu'étant donné son tempérament, bien d'autres femmes que Gabrielle d'Estrées, furent complices de ses fredaines; il n'est pas de château où passa Henri IV, qui ne possède une chambre, sinon un pavillon, portant le nom de la Belle Gabrielle.

En ce qui concerne *Courbevoie*, s'il est donc douteux qu'elle y soit venue, il est du moins certain que Henri IV, lui, y séjourna. — Avant d'installer son camp sur le plateau qui domine notre ville, nous savons que de 1590 à 1593, au moment du siège de Paris, il avait établi son quartier général à Puteaux, où le *Vieux-Moulin,* le *Moulin-Neuf* et le *Moulin-du-Chante-Coq,* lui servirent de postes d'observation.

Si au point de vue des séjours d'Henri IV dans nos parages, il ne saurait être question, ni de *Meudon*, dont le château détruit en 1870, puis restauré et devenu un observatoire,

avait été construit par Mansart pour le Grand-Dauphin, ni de
Saint-Cloud, panorama peut-être unique au monde et qui,
dans ses jardins dessinés par Le Nôtre, vit passer tour à tour
Henriette d'Angleterre, — le Régent, — Marie-Antoinette, —
Napoléon Ier, — Marie-Louise, — Charles X, — Louis-Philippe et Napoléon III, — on peut du moins affirmer que
Suresnes dut fréquemment avoir la visite du Béarnais. — Le
petit vin récolté sur ses côteaux, se trouvait, dit-on, fort de
son goût et, d'autre part, le voisinage du *Mont-Valérien* ne
put manquer de piquer sa curiosité.

Car on sait que l'histoire du *Mont-Valérien*, est aussi vieille
que celle de Paris. — L'Empereur Gallien y avait fait élever
un mausolée à la mémoire de son père Valérius. — Au
IIIe siècle, une voie romaine allait de Suresnes à Montmartre,
par Puteaux, Courbevoie, Neuilly et les Ternes. — Après les
Romains, Geneviève y conduisit ses troupeaux.

Du XIVe jusqu'à la fin du XVIe siècle, des ermites et des ana-
chorètes, parmi lesquels se trouvaient des femmes, s'y étaient
installés. — Le premier d'entr'eux se nommait Antoine; il se
construisit une hutte avec de la terre battue, des pierres et
des branchages ; son exemple fut bientôt suivi par tous ceux
qui préférèrent la solitude à la communauté des cloîtres. —
Dans la seconde moitié du XVe siècle, les huttes et les jardi-
nets y étaient déjà nombreux. — Une recluse du nom de
Guillemette Fossart, dont la pierre tombale fut retrouvée, y
cacha son sexe sous des habits d'homme, jusqu'à l'heure de
sa mort survenue en 1561. — Vers 1620, le nombre des ermites
du Mont-Valérien s'était tellement accru, qu'une congrégation
s'y forma : *Les Pères de la Croix*. — A partir de 1633, un *Calvaire*, dont les chapelles des stations avaient été construites
par Hubert Charpentier, y était déjà exceptionnellement
fréquenté ; mais il faut croire que par la suite, ces pélerinages
dégénérèrent en orgies, puisqu'en 1691, le cardinal de
Noailles, archevêque de Paris, les fit supprimer. — La procession se mettait généralement en route dans la nuit du
jeudi au vendredi ; le cardinal trouva que pèlerins et pèle-

Un coin du cimetière du Mont-Valérien. (Page 41).

(Cliché du Dr Gillard, de Suresnes).

Vue de l'ancien pont de bois, côté de Courbevoie. (Page 44). *Quai de halage, une partie de la rue du Vieux-Pont et du chemin de Bezons). Les deux maisons d'angle, de gauche, côté de Courbevoie, existent encore aujourd'hui ; on peut les voir au coin de la rue du Vieux-Pont et du côté des Blanchisseurs, la plus petite des deux a vu sa toiture et quelques-unes de ses parties transformées sous Louis XV, peu de maisons encore sur la hauteur. (Au premier plan, un cavalier qu'arrête un mendiant.*

(Bibliothèque Nationale. — Sujet de l'un des panneaux de M. Lucien Pouzargues).

rincs faisaient de trop longues stations dans les bois qu'ils traversaient, avant d'arriver sur la montagne du Calvaire.

Après les Valois, la Reine-Mère et Marie-Thérèse d'Autriche, vers 1700, allèrent souvent visiter ce Calvaire; l'histoire rapporte qu'elles y montaient — « modestement vêtues et piods nus, » — Louis XIII, Louis XIV, Bernardin de Saint-Pierre et Jean-Jacques Rousseau, y manifestèrent également leur dévotion.

La suppression du pélerinage fut le coup fatal porté à la Congrégation de la Croix qui, peu à peu, vit ses affiliés disparaître. En 1791, après la chute de Robespierre, elle fut chassée. Merlin de Thionville acheta alors pour la somme de 17,000 francs en assignats, les bâtiments du calvaire et les 45 arpents de terres qui les entouraient. A l'encontre des vertueuses coutumes que devaient professer plus tard son filleul Jean Reynaud, il y fit construire un temple à Vénus! D'une chapelle couverte de paille pour lui donner l'aspect d'une chaumière, il fit un lieu de débauches. Une légende· veut que Mme Tallien, vêtue à l'antique, les pieds cerclés d'anneaux d'or, y ait présidé à des saturnales en l'honneur de la Déesse de la Beauté.

En 1811, Napoléon fit tout raser, pour édifier là un bâtiment destiné aux orphelins de la Légion d'honneur. Puis vint l'ordre d'y élever une caserne; mais la restauration en 1815, interrompit ces travaux et remit le Mont-Valérien aux *Pères de la Foi*, (devenus plus tard de la *miséricorde*, rue de l'Assomption à Passy.) Le château *Forbin-Janson*, résidence actuelle du commandant du fort et qui se trouve sur le versant Ouest, tire son nom de celui de l'évêque de Nancy qui, sous Louis XVIII, avait projeté d'y relever *le Calvaire*; il était en même temps propriétaire du *Château des Landes* qui se trouvait un peu plus bas. C'est en 1841 seulement, que furent commencées les constructions subsistant aujourd'hui.

Pendant le séjour des *Pères de la Foi*, au couvent du Mont-

Valérien, on y ouvrit un cimetière dans lequel de nombreuses inhumations furent faites, de 1815 à 1840. Il est probable, mesdames et messieurs, que peu de personnes parmi vous, connaissent ce champ-de-repos situé sur le versant de la colline dominant Suresnes, dans l'enceinte même du fort. Dès que reviendra la belle saison, je ne saurais trop vous engager à en faire quelque jour, le but de l'une de vos excursions, car sa disparition totale est fixée par l'administration militaire, à une ou deux années d'ici. Déjà la partie basse en a été recouverte par un remblai sur lequel une large route stratégique a été construite.

Etagés, effondrés et abandonnés dans un désordre lamentable, mais rendu presque pittoresque par les ronces, les mousses et toute la gamme des fleurs sauvages qui les recouvrent, des sarcophages, des croix et des dalles sont là, qui rappellent des noms célèbres ou, tout au moins, de beaucoup de privilégiés auxquels, sinon leur renommée, leur situation brillante permit de laisser croire qu'ils pourraient dormir de leur dernier sommeil, sous les hauts arbres de ce site enchanté. Des maréchaux de France, des généraux, des amiraux, des officiers de tous grades, de grands dignitaires de Saint-Louis et de la Légion d'honneur, s'y trouvent à côté de Ducs, de Pairs de France, de Princesses et de Marquises des anciens régimes, de conseillers au Parlement, de députés, de cardinaux, d'archevêques, d'évêques, d'aumôniers, de magistrats, etc., fort insouciants du coup de pioche qui, d'année en année, diminue le nombre de leurs ultimes demeures, emportant jusqu'au souvenir de leurs titres. Car depuis longtemps déjà, les meilleures pierres de ces tombes descellées et soulevées par les pluies ou par la poussée d'un hêtre nouveau, sont utilisées à la réfection des escaliers conduisant au plateau du fort.

On reste confondu devant le spectacle de ces tombeaux qu'on dirait avoir été bouleversés par une secousse volcanique. Une pareille manifestation d'indifférence vis à vis d'ancêtres dont le souvenir n'a point dû complètement disparaître, est certes faite pour étonner, chez des Parisiens surtout, qui, de tout temps, se sont énorgueillis du respect dont ils entourent leurs morts. Dans la partie la plus élevée du cimetière, dressées contre un mur de soutènement et protégées par des lilas et des épines, sont des dalles assez curieuses, remontant aux xv°, xvi° et xvii° siècles, rapportées plus tard en cet endroit et pouvant intéresser le musée Carnavalet, ou, plus particulièrement, la Société de l'Histoire de Paris.

Quelques exhumations furent, paraît-il, autrefois faites de ce cimetière ; ce fut le cas, dit-on, de Mme de Genlis, dont les ossements recueillis, furent transportés ailleurs. — Deux mausolées monumentaux et particulièrement bien conservés, dominent la série des autres. — L'un porte le nom de Mme la Comtesse Anne de Tolstoï, née Princesse Bariatinsky, en 1774, décédée à Paris, en 1825 ; — le second est celui de Mme Catherine de Bruce, morte en 1829 et appartenant, d'après l'épitaphe, à l'ancienne famille royale d'Ecosse ; — N'existe-t-il donc plus de descendants de ces illustres abandonnées, prêts à recueillir pendant qu'il en est temps encore, des cendres pouvant leur être chères ? — Et que d'autres noms devant intéresser nombre de familles existantes, ne peut-on lire sur les dalles disloquées et les colonnes tronquées jonchant le sol ?

Dans le numéro de l'*Eclair*, du 27 mai 1903, j'ai publié la longue liste de ces noms, parmi lesquels se trouve celui de *du Cayla*, dont le souvenir intéresse notre ville, ainsi qu'on le verra plus loin. — Mon article a provoqué de nombreuses demandes de recherches auprès de l'Administration Militaire et, c'est à la suite de ces recherches que deux documents nouveaux sur l'histoire du Mont-Valérien, virent le jour, au cours de l'année dernière. — L'un fut publié par le vicomte de Hennezel d'Ormois et, l'autre, par M. Robert Hénard.

*

Pour en revenir aux différents séjours d'Henri IV, à Courbevoie, il en est un qui se place au commencement du xvıⁱᵉ siècle et qui ne dut guère s'effacer de sa mémoire. — Le 6 juin 1606, le Roi et la Reine, rentrant de Saint-Germain à Paris, arrivèrent au bac de Neuilly, en compagnie de M. de Vendôme; plusieurs Dames et Seigneurs de la Cour, les suivaient. — En ce temps-là, on passait la Seine entre Courbevoie et Neuilly, dans un bac retenu par une corde fixée à une poulie glissant sur un câble que supportaient deux hauts piliers placés sur les rives. — Sans chercher bien loin, ce mode de locomotion se voit encore de nos jours, particulièrement sur le cours du petit bras de la Seine, entre Neuilly et Levallois.

Le Roi voulut entrer dans le bac, sans quitter son carrosse, parce qu'il pleuvait; mais les chevaux, qu'on avait oublié de faire boire avant de partir, tirèrent de côté, malgré les efforts du cocher pour les retenir et se précipitèrent dans la rivière, entraînant le véhicule et les trois personnes qu'il contenait. — Le Roi et M. de Vendôme en sortirent assez facilement; mais, sans le secours d'un gentilhomme, M. La Chastaigneraie, aidé d'un valet de chambre de la Reine, qui la purent saisir par sa chevelure, celle-ci se fut infailliblement noyée! — Lorsque toute frayeur fut dissipée, Henri IV rit de bon cœur, prétendant qu'on avait voulu le faire boire, pour avoir mangé trop de *salé* à son dîner. — Et, comme au moment de l'accident, le Roi souffrait d'un violent mal de dents, il affirma, la douleur s'étant subitement calmée, qu'il n'avait jamais connu de remède aussi salutaire. — Pendant long-temps, plus tard, on put voir une fleur de lys placée sur la porte d'une maisonnette, sise au bord de la Seine et appartenant à un batelier qui avait contribué au sauvetage du couple royal; c'était là, une marque d'honneur peu coûteuse, que le Monarque avait accordée au brave passeur.

Cependant, pour prévenir le retour de semblables contre-temps, le Roi avait donné l'ordre de construire un pont de bois, devant remplacer le bac. — Ce pont, qu'Henri IV désirait voir s'appeler *pont Henry*, sans que le peuple ait jamais voulu s'y résoudre, devint un pont à péage, dont la bénéficiaire fut Mlle Marie de Hautefort. Il ne dura que 35 ans et fut en partie détruit par un incendie. Louis XIII le fit réédifier par un entrepreneur de Gournay, du nom de Guillaume Andrieux, moyennant la somme de 50.000 livres et l'abandon des matériaux de démolition de l'ancien pont. — Cette dame de Hautefort, qui fut dame d'atours de la Reine Anne d'Autriche, devint par la suite, Maréchale de Schomberg. Ses lettres-patentes furent confirmées par Louis XIII et renouvelées par Louis XIV. — C'était celle que Louis XIII appelait, *son inclination.* — En même temps que ce don des droits de péage du pont, le Roi lui avait fait une pension de quatre mille livres. — En 1654, les droits de péage se montaient à 8.000 livres ; en 1688, ils étaient de 13.000 livres, soit 40.000 francs d'aujourd'hui. — Pendant près de 150 années, les revenus de ce pont allèrent à la même famille et, lorsqu'en 1780, il fut remplacé par celui que venait de construire Perronet, on offrit aux héritiers de la Duchesse de Schomberg, une indemnité annuelle de 30.000 livres, qu'ils acceptèrent. — Cet état de choses dura propablement jusqu'à la Révolution.

Le beau pont qui se voit aujourd'hui sur la Seine et qu'on vient de mutiler quelque peu, pour des raisons de viabilité, ne fut pas le seul monument qu'éleva l'ingénieur célèbre qui avait nom Perronet.

Il se trouve être l'auteur des ponts de Melun, de Mantes, d'Orléans, de Nogent-sur-Seine, de Pont Sainte-Maxence, de la Salpétrière et, de la Concorde, alors place Louis XV, à Paris.

Déjà, dès 1766, l'établissement d'un pont de pierre à Neuilly-sur-Seine, se trouvait à l'étude, car le pont de bois, de par sa vétusté, était devenu très dangereux ; en janvier 1768, la débâcle des glaces en emportait plusieurs travées du côté de Courbevoie et endommageait la partie qui atteignait à l'autre rive. Il fallait donc hâter les travaux.

On reconnut qu'il était préférable d'établir un pont de cinq

arches, chacune de cent vingt pieds d'ouverture, sur l'aligne-
ment de l'avenue des Champs-Elysées que l'on prolongerait
jusqu'au haut de la butte de Chantecoq, avec quatre rangs
d'arbres dont les premiers espacés de seize toises, formeraient
l'allée du milieu et, les autres placés à huit toises l'un de
l'autre, pour chaque contre allée; sur la butte, une place
de cent toises de diamètre, aurait la configuration d'une
étoile de six avenues à double rangée d'arbres.

L'adjudication du pont, fut donnée le 29 mars 1768, au
sieur François Rimbaux, pour la somme de 2.394,900. livres
indépendamment des terrasses, des avenues, du pavage, des
plantations d'arbres, qui firent l'objet d'une seconde adjudication accordée le même jour à Léonard Legrand, pour la
somme de 1,172,400 livres, ce qui formait au total 3,567,300
livres, ou environ 11 millions de notre monnaie.

Alors que les travaux du pont de Mantes, n'avaient duré
que trois ans, de 1763 à 1765, il fallut près de douze années
(de 1768 à 1780) pour achever complètement ceux du pont de
Neuilly et de ses alentours. Ce laps de temps qui nous pa-
raîtrait long aujourd'hui, ne l'était nullement alors, si l'on
tient compte de l'outillage encore primitif dont on disposait.

Perronet disait que l'œuvre, malgré sa hardiesse, *serait
solide et durerait longtemps*. Il ne s'est pas trompé; lors des
récents travaux exécutés pour l'élargissement des rampes
d'accès, du côté courbevoisien, on a pu juger de l'excellence
des mortiers et des ciments qu'il y avait employés, ainsi que
de la pierre de taille qui, tout entière, de même que celle du
pont de Mantes, provient des carrières de Saillancourt. Ces
blocs étaient en général de trente et quarante pieds
cubes; on en voit sur les parapets, qui ont de vingt-deux
jusqu'à trente-quatre pieds de longueur; il en fut même
extrait de la carrière, un spécimen de quarante-quatre pieds,
que l'on fut obligé de couper en deux, parce qu'il aurait fallu
abattre une maison au détour d'une rue, pour le faire passer
dans Meulan.

La largeur de ce pont était, au début, de quarante-cinq pieds d'une tête à l'autre, dont vingt-neuf pour le passage des voitures et six pieds trois pouces pour chaque trottoir. Dans les parties du dessus des culées et des arches de hallage qui ont chacune quatorze pieds d'ouverture en plein cintre, la largeur de chacune des extrémitées du pont, était de seize toises et deux pieds. On a laissé trente pieds de hauteur, sous clef, à partir de la naissance des voûtes, qui est établie à la superficie des plus basses eaux, pour que les crues, qui se sont élevées en 1740 à Neuilly jusqu'à vingt-trois pieds, puissent y passer librement et qu'il restât encore sept pieds de hauteur dans les voûtes, pour les cas extraordinaires. La courbure du cintre primitif de ces voûtes, a été faite avec onze centres, de façon à pouvoir donner, mieux que par la forme demi-elliptique, un débouché suffisant au passage des eaux; les têtes ont été tracées en portions d'arcs dont le rayon est de cent cinquante pieds. Le raccordement entre ces têtes et le cintre primitif des voûtes, est formé par des cornes de vache en voussures, portant sur les avant et arrière becs dont la courbure du plan est pareille à celle des voûtes; ce qui, en facilitant l'introduction de l'eau, donne beaucoup plus d'élégance au monument.

Les piles ont treize pieds d'épaisseur, au lieu du cinquième de l'ouverture des arches, qu'il était dans l'usage de leur donner; on aurait même pu, à la rigueur, les réduire à dix pieds. Mais elles ont vingt et un pieds d'épaisseur à leur fondation; elles sont établies sur pilotis jusque sur le bon fond et sont encore protégées, ainsi que les pilotis, de deux autres pieds d'empâtements, au pourtour de la première assise de pierre de taille et de leurs avant et arrière becs.

Pour la première pile du côté de Courbevoie, on employa cent quatre-vingt-trois pilotis ayant en moyenne de dix-sept à dix-neuf pieds de long, sur trois pieds de circonférence. Ce travail de *battage* a duré douze jours, avec des moutons de 13 à 1400 livres, et une équipe de quarante-cinq hommes. Pendant que l'on procédait aux fondations de cette pile, on

élevait la maçonnerie de la culée, des murs d'épaulements
et des pilastres; durant les travaux de maçonnerie de la
pile, l'ouvrage, à quatre reprises, fut interrompu par des
crues d'eau.

Au cours des fouilles de la culée du côté de Neuilly, il
fallut établir une roue à aubes et une autre à godets, facilitant l'épuisement. Là, entrèrent quatre cent trente-cinq
pilotis, qu'enfonçaient des moutons à sonnettes de 1880 livres,
mus par deux chevaux, au moyen d'une corde se développant
dans la gorge d'une roue de neuf pieds de diamètre, munie
d'un treuil.

Les cintres, les fermes, les charpentes, furent posés très
rapidement. Dès lors, les travaux suivirent leur cours. Un
pont de service, assez élevé pour que la navigation ne fût pas
interrompue, dût être construit pour l'approche des bois et
de la pierre. (L'une des toiles brossées par M. Lucien Pouzargues et qui, avec celles de MM. Léty, Daubin, Tutin et
Lebas, seront placées à la mairie, dans la salle des séances
du Conseil municipal de Courbevoie, nous donne une idée
du grand treuil qui servait à élever la pierre sur les cintres).

Pendant l'année 1771, on encastra dans l'un des blocs
taillés du pont, une boîte en chêne renfermant, avec les
différentes monnaies d'or et d'argent du règne de Louis XV,
l'inscription suivante, gravée sur cuivre :

« L'an de grâce MDCCLXVIII, le 54e du règne de Louis XV
le Bien-Aimé, la fondation du pont de pierre de Neuilly-sur-
Seine, a été commencée sous la direction de Daniel-Charles
Trudaine, Conseiller d'Etat ordinaire et au Conseil royal,
Intendant des Finances : cette fondation a été achevée l'an
1769, sous la direction de Jean-Charles-Philibert Trudaine,
son fils, qui l'a remplacé dans toutes ses fonctions au Conseil :
M. Etienne Maynon d'Invau, son beau-frère, étant pour
lors Ministre d'Etat, contrôleur général des Finances, ayant
les Ponts et Chaussées dans son département. »

(Bibliothèque Nationale. — Ouvrage de Perronet).

(Page 45).

En 1772, cent quarante sept tailleurs de pierres travaillaient les matériaux, au fur et à mesure de leur arrivée de Saillancourt. Cette année-là, la totalité des ouvriers occupés sur les chantiers, fut de 872, y compris 47 charpentiers, 20 poseurs et 100 contre-poseurs et ficheurs; 167 chevaux y étaient en même temps utilisés.

Les travaux étaient alors assez avancés, pour que déjà l'on pût songer au décintrement; celui-ci fut commencé le 14 août par le bas des fermes, à toutes les arches. Le Roi ayant manifesté le désir de voir tomber l'ensemble de cette charpente, fit savoir qu'il se rendrait au pont le 22 septembre, vers quatre heures de l'après-midi. Un emplacement fut disposé à cet effet, sur lequel on dressa une tente pour Sa Majesté, au milieu de plusieurs autres destinées aux Princes, aux Ambassadeurs, aux Seigneurs de la Cour, aux Ministres, ainsi qu'au public. Et pour rendre la manœuvre plus intéressante, il fut convenu que toutes les fermes se détacheraient successivement en quelques instants, les moises, les lierres horizontales, les contre-fiches et les boulons des moises qui entretenaient les fermes entr'elles, ayant été auparavant enlevés. Deux cabestans, manœuvrés chacun par neuf hommes, furent établis sur le côté droit de chaque arche; des cordages, passés dans des poulies moufflées, étaient arrêtés par l'une de leurs extrémités, au cabestan, et, par l'autre, au bout des fermes. Au signal donné par le tambour, pour chaque tour de cabestan, subitement, les fermes, l'une après l'autre, s'anéantirent comme des châteaux de cartes; montre en main, ce spectacle avait duré trois minutes et demie.

Mais la chute d'une aussi grande quantité de bois, puisque le poids en était d'aumoins 720 milliers pour chaque arche, fit bouillonner l'eau au point de la faire remonter un instant jusque sur le pont. Bientôt les voûtes apparurent, d'autant plus légères qu'elles étaient débarrassées de leur charpente et que les cordons et les parapets, ainsi qu'une partie des tympans et de la maçonnerie des reins, restaient encore à poser.

Une médaille gravée par Rottiers fils et, frappée à cette occasion, fut remise au Roi. — Ainsi qu'on en peut juger par les précieuses collections de la Monnaie, elle porte, d'un côté, l'effigie de Louis XV avec ces mots : « Ludovicus XV, christianissimus ». — Au revers, une vue du pont et, l'inscription : « Novam artis audaciam mirante Sequanâ ; » et, pour exergue : « Pons ad Lugniacum exstructus MDCCLXXII. »

Après avoir témoigné sa satisfaction aux Ingénieurs, Louis XV s'en retourna à Marly et son carrosse fut le premier qui traversa le nouveau pont.

Perronet nous dit, dans son bel ouvrage, que ce fut là une journée de réjouissances publiques. L'affluence de la foule attirée par la présence du roi, était énorme ; l'ordre ne fut pas troublé et, malgré la quantité considérable de voitures et de piétons, qui durent circuler sur le vieux pont, très-étroit, on n'eut à signaler aucun accident. L'une de nos planches donne une idée de cette fête qui fournit à Hubert-Robert, le sujet d'un fort beau tableau que l'on peut voir au Musée Carnavalet.

Un barrage établi près du pont de bois, avait retenu toutes les pièces de charpente, flottant au gré de l'eau et, sans qu'il en manquât une seule, celles-ci furent aussitôt transportées dans la partie la plus élevée de l'île.

C'est pendant l'année 1774, le 1er août, qu'on se rendit maître du bras de la rivière, du côté de Neuilly. L'opération se fit en trois heures et demie, au moyen de fascines, de vieux foin bottelé, de fumier, le tout garni de moellons, qu'on immergea. Des bateaux chargés de terre, avaient auparavant été échoués en cet endroit, — quatre-vingts garde-suisses de la caserne de Courbevoie, furent adjoints, pour hâter ce travail, aux 300 ouvriers qui en étaient chargés.

Lorsqu'en 1780, le pont étant depuis longtemps achevé, tous les travaux d'approche le furent également, une moyenne du prix des journées fut établie. En multipliant par *trois*, le chiffre de cette moyenne, on obtient à peu près, le prix correspondant à la monnaie de nos jours :

Un compagnon charpentier, non compris les outils, touchait 2 livres 5 sous.

Un tailleur de pierres, achat et frais d'outils compris, également 2 livres 5 sous. Le poseur avait 3 livres ; le contreposeur 1 livre 18 — le ficheur 1 livre 14 — le maçon 1 livre 12 sous. — Chez les terrassiers, le tâcheron recevait 1 livre 12 sous — le journalier 1 livre 6 sous ; — un chef d'atelier de pavage, 3 livres — un compagnon paveur, 2 livres 7 sous 6 deniers et le dresseur, 1 livre 7 sous.

Dans tous les corps de métiers, le manœuvre était payé de 24 à 25 sous par jour ; les commis, appareilleurs, etc., avaient de 80 à 100 livres par mois.

Les mariniers touchaient 37 sous, 8 deniers. — La journée d'un cheval était de 3 livres 10 sous ; celle d'une voiture à 2 chevaux, de 7 livres ; une voiture à 3 chevaux, 10 livres. Dans les dernières années, la journée d'un tombereau à un cheval, employé aux terrassements, y compris l'homme qui le conduisait, se payait 4 livres.

Un camion, tout ferré, construit à Neuilly, revenait à 89 livres 10 sous, — à tous ces prix, il faut ajouter un dixième, pour les frais de conduite et le bénéfice de l'entrepreneur.

Le pain de 12 livres, demi-blanc, que mangeaient tous les ouvriers, varia de 26 à 30 sous, pendant les 12 années de la durée des travaux, ce qui donne une moyenne de 2 sous 4 deniers la livre. Pendant une hausse sur le prix du blé, qui se maintint pendant 3 ans, jusqu'en 1774, le pain se paya à raison de 3 sous la livre. — Malgré cela, la journée des hommes ne fut pas augmentée.

Dans beaucoup de contrées, les seigneurs n'avaient pas attendu les modifications apportées aux *coutumes*, pour tenir compte de la volonté du Roi, plusieurs fois exprimée par le Parlement et, volontairement, ils avaient cessé peu à peu d'exercer le droit de garenne sur autrui. — Seuls, ou à peu près, les abbés de Saint-Denis résistaient.

En 1676, les habitants de Colombes et de Courbevoie tinrent une Assemblée plénière, devant la porte de l'Église de Colombes et décidèrent d'intenter à ce sujet, un procès à leur Seigneur. — Ce procès, comme tous ceux de l'ancien régime, ayant trait *aux droits féodaux*, commença en justice seigneuriale, c'est-à-dire devant le bailli de Colombes lui-même qui, rendant la justice au nom et au profit de l'Abbaye, débouta les paysans de leur plainte et de leurs prétentions. — Mais, aidés par Eustache Le Bossu, seigneur en partie de Courbevoie, ils en appelèrent devant la *Cour des Aides*, qui ordonna une enquête. — (La cour des Aides avait été instituée dès le xive siècle, pour juger soi-disant, en dernier ressort de tous les procès en matière d'impôt.) — Au cours de cette enquête, Jacques Brochard déclare que les lapins du bois de Colombes qui, au début, étaient au nombre de deux cents douzaines, s'y trouvent aujourd'hui en quantité tellement considérable, qu'ils mangent le bourgeon des ceps et les blés en herbe et, que ces animaux lui ont fait tort d'un muid de vin, dans un seul quartier de vigne. — Guillaume Leroux accuse un demi-muid et, une cinquantaine d'autres vignerons et cultivateurs, font des déclarations similaires. — Paul de Gondi, cardinal de Retz et abbé de Saint-Denis, qui se considérait sans doute comme trop grand Seigneur pour répondre devant la cour des aides, se laissa condamner par défaut, à enlever les lapins, — ce qui n'était pas chose commode, — et à payer les dommages causés ; mais, ayant interjeté appel devant le Grand-Conseil, il fut maintenu dans le droit de garenne.

Néanmoins, à la suite de ce procès, l'Abbaye consentit à entrer en pourparlers avec les paysans. — Ceux-ci délé-

guèrent alors auprès de l'abbé, Messire René de Longueil, confesseur de la Reine et curé de Colombes, homme
très-puissant et protecteur dévoué des habitants. — L'Abbé
accepta d'entourer d'un mur, le petit bois situé entre Colombes et Courbevoie, afin d'y parquer les lapins. — De
leur côté, les habitants s'engagèrent à verser 200 livres, pour
aider à l'établissement de cette clôture et, à creuser, en
corvée, pendant la saison d'hiver, un fossé le long de ce
mur. — Ce fut François Décousu, maître maçon à Colombes,
qui entreprit la construction du mur de clôture.

A partir de cette époque, le petit bois de Colombes, fut
définitivement appelé *La Garenne*. Auparavant, il n'était que
le centre de la garenne féodale qui s'étendait sur tous les
villages environnants. Et cette garenne de l'Abbaye, était
depuis longtemps exploitée par un fermier qui, moyennant
une redevance, s'occupait de la garde et de la vente du
gibier. — Le procès-verbal de *descente sur les lieux*, établi
lors de la vente d'un lot des *Bruyères*, en 1657, nous fait connaître le nom de ce fermier, qui s'appelait Prieur, dit de
Saint-Allard. Sa maison, construite vers 1520 et, plusieurs
fois modifiée depuis, était à l'entrée du bois, du côté de l'ancienne chaussée qui partait de l'étoile du Haut-chante-coq,
aujourd'hui Place de la Défense, pour aboutir au lac de
Bezons.

Le moine qui avait à l'Abbaye la charge de *Cénier* et qui,
en cette qualité, s'occupait de la perception des droits sei-
gneuriaux, avait également son logement dans la maison de
la Garenne. — Il y venait plusieurs fois dans l'année, en
voiture attelée de deux mules, pour recevoir le *cens* dont
chaque maison était chargée.

Pour Colombes et Courbevoie, dont les livres de redevances, appelés *cueilloirs*, sont conservés en bon état aux
Archives Nationales, le cens attaché aux immeubles, était
évalué en chapons et, telle maison indiquée au *cueillou* par le
numéro qu'elle porte au plan-terrier, était donc imposée d'un

nombre de chapons en rapport avec son importance et sa valeur. — Mais, par la pratique, cette redevance, dans la suite, se paya presque toujours en deniers. — Les femmes, qui avaient l'habitude de l'économiser sur les produits de la basse-cour et d'en assurer elles-mêmes le paiement, se rendaient ensemble à La Garenne et fixaient, d'accord avec le Cénier, Monseigneur le Cénier comme elles l'appelaient, le prix du chapon, puis elles se libéraient, soit en deniers, soit en nature, selon leur bon plaisir. — Le moine, souvent égrillard, mais toujours bon garçon, leur donnait quittance et s'en allait vers la fin de la journée, avec sa voiture chargée d'écus et de volailles. Les sergents du baillage de Colombes, l'accompagnaient jusqu'à Saint-Denis. Ils recevaient de la communauté, pour cette corvée, une somme de cinq livres. — C'est cette maison du fermier de la Garenne et du Cénier de l'Abbaye, qui deviendra plus tard le château, dont quelques vestiges subsistent rue de La Ferme.

En 1685, après la mort du Cardinal de Retz, il se produisit un événement qui modifia sensiblement les mœurs entre seigneurs et paysans de la presqu'île de Saint-Denis, sans toucher encore définitivement aux *coutumes* qui restèrent les mêmes jusqu'à la Révolution. — M{mo} de Maintenon, toute-puissante à la Cour, intriguait depuis longtemps auprès de Louis XIV, pour l'amener à déposséder de leurs terres les abbés de Saint-Denis, au profit d'une institution qu'elle se proposait de créer et qui aurait pour but de donner à un certain nombre de jeunes filles de la noblesse, élevées jusque-là dans les couvents de façon très négligée, une éducation uniforme, en quelque sorte nationale. — Le vieux Roi avait toujours hésité à prendre cette mesure qui entraînait la destruction de la célèbre Abbaye ; mais, à la mort du Cardinal déjà nommé, il consentit enfin à suivre les conseils de M{mo} de Maintenon. La maison royale, dite de Saint-Louis, fut donc créée et établie à Saint-Cyr-lès-Versailles. Le Roi transféra à cette institution, la mense abbatiale de Saint-Denis, c'est-à-dire toutes les terres, seigneuries et bénéfices dont l'Abbaye avait joui depuis Dagobert, laissant seulement à l'église-cathédrale de Saint-Denis, le revenu nécessaire à l'entretien d'un chapitre qu'il chargea de veiller à la conservation des tombeaux de la famille royale.

Quant aux moines, ils furent versés à la maison de Saint-Maur et soumis aux règles de cette communauté. — Les dames de Saint-Cyr, qui eurent pour première supérieure Mᵐᵉ de Brinon, amie et protégée de la fondatrice, devinrent donc dames de Colombes, Courbevoie, Asnières, etc., etc., et succédèrent par ce fait aux abbés, dans la gestion de La Garenne. — Les paysans perdirent Monseigneur le Cénier, mais nous verrons par la suite, qu'ils ne gagnèrent pas au change. — Déjà en 1695, les dames sont en différend devant le bailli, avec les paysans, toujours à propos des murs de La Garenne qui n'ont pas été achevés, on ne sait pourquoi, par François Décousu. Le bailli, lié par l'arrangement antérieur, intervenu entre l'abbé et les paysans, n'osa pas débouter ceux-ci de leur demande ; mais, il ne pouvait non plus donner tort aux *Dames* desquelles il relevait en tant que juge seigneurial et, pour éviter un procès, il porta la question devant les *Prud'hommes* du baillage. — Les dames déclarèrent alors accepter de faire achever les murs, à la condition que les paysans s'engageraient de leur côté, à les entretenir. Les paysans refusèrent et n'acceptèrent de payer les frais d'entretien de la clôture, que si ce montant était déduit des *tailles* ou autres *impositions* versées au fermier.

Voici, à la date de 1695, l'extrait d'un arrêté pris pour remédier aux vols d'échalas qui se commettaient dans les vignes de Courbevoie :

« Sur la demande du procureur fiscal, le prévôt et le juge
« ordonnent à chaque propriétaire, de faire connaître au dit
« procureur fiscal, le nombre d'échalas neufs placés chaque
« année dans ses vignes, ainsi que le chiffre de ceux, hors
« d'usage, qui en ont été enlevés. — Tout contrevenant à cet
« ordre, sera puni de *vingt livres* d'amende. S'il y a réci-
« dive, l'amende sera portée à *cent livres* et le paiement en

« sera exigé, moyennant contrainte par corps et empri-
« sonnement.

« Sentence lue et affichée au prône de la grand-messe de
« la chapelle de Courbevoie, afin que nul n'en ignore. »

(Sig.) VOUET, Prévôt ; N. REGNAULT, Juge et
RENÉ RICHER, Lieut' de la Prévôté.

Le jeudi, 7 avril 1695.

(Il était d'usage, à Courbevoie, d'allumer le jour de la
Saint Pierre, un feu de joie sur la place, devant la chapelle,
autour duquel une procession chantait un *Te Deum*. — Mais,
seul, le Seigneur du village ou, en son absence, le principal
officier de justice, avait le droit de l'allumer, au moyen d'un
flambeau. — Le 29 juin 1715, un vicaire nommé Jean
Verrière, jaloux de la prérogative donnée au Seigneur, se
plaignit hautement de ce que le flambeau ne lui ait point été
présenté par le Seigneur et ajouta qu'à l'avenir, il ferait
allumer le feu par son bedeau. — Ce commencement de
conflit mit en mouvement les avocats au Parlement et raison
fut donnée au Seigneur de Courbevoie, qui était alors
Jacques-Joseph Thorin de la Thanne, écuyer).

⁂

Un procès au criminel qui eut lieu au baillage, en 1702,
nous apprend que la clôture de La Garenne est définitivement
achevée — murs de cinq pieds de haut et fossé d'égale
profondeur. — En 1710, le receveur des dames de Saint-Cyr,
est Pierre Husson. Mais le temps est passé ou Monseigneur
le Censier, à qui les femmes tricotaient des chausses de
laine, consentait à discuter le prix moyen des chapons et

(Bibliothèque Nationale. — Ouvrage de Perronet).

finissait par accorder tout ce que lui demandaient les pauvres gens. — Ce receveur des dîmes majore à son profit, les droits à payer par les habitants et, bientôt s'entend avec le procureur-fiscal chargé de requérir dans les procès. — Tandis que l'un augmente arbitrairement les redevances, l'autre fait condamner à des amendes exagérées, les malheureux qui ne peuvent s'acquitter au terme fixé. — Leurs biens sont vendus et leurs meubles saisis pour des sommes dérisoires. Les liasses du baillage concernant les procès de cette époque, contiennent des jugements dont les frais se sont élevés scandaleusement à 7 ou 800 livres, pour un litige de quelques sols.

C'est peut-être parce qu'elles n'étaient pas des Religieuses, proprement dites, que les Dames de Saint-Cyr montrèrent si peu de goût à exercer elles-mêmes leurs droits, ainsi que l'avaient fait les abbés jusqu'alors et qu'elles s'en déchargèrent sur des tiers, au grand préjudice des habitants.

Leur costume, en effet, n'avait rien de monacal : habit grave et sévère, taillé en drap brun foncé — jupe et manteau de même couleur ; petit bonnet de toile, garni d'une dentelle étroite et d'un ruban de couleur, servant de coiffure. Elles étaient réparties en quatre classes qui se distinguaient par la nuance des rubans (rouge, bleu, vert et jaune). — Leurs courts tabliers étaient bordés des mêmes rubans et les gants étaient uniformément jaunes. — Pour aller à la chapelle, un capuchon de soie noire recouvrait le bonnet. — Mme de Maintenon était la seule de toute la maison, qui eût le droit de porter le ruban noir.

Pour entrer à Saint-Cyr, il fallait être âgée de plus de 7 ans. On y restait jusqu'à 20 ans accomplis. — Il y avait généralement 250 entrées par année. — En quittant l'établissement, chaque jeune fille recevait une dot de 1.000 écus, des vêtements, du linge et cinquante autres écus pour frais de voyage. — Celles d'entre-elles qui manifestaient l'intention de prendre le voile, pouvaient entrer dans un couvent, si elles ne préféraient rester dans la maison, leur vie durant. — Les pensionnaires de Saint-Cyr ne s'appelaient entre elles et leur supérieure, ni « ma mère », ni « ma sœur », mais « madame » suivi du nom de famille.

Mme de Maintenon avait marié très avantageusement, un nombre considérable de ses anciennes élèves. — Femme virile, qui, toute jeune, se faisait saigner pour ne point rougir aux occasions où la rougeur s'impose et dont le profil sévère nous apparaît aux côtés d'un roi qui s'ennuyait dans la la mélancolie d'un règne trop prolongé, elle inaugura à Saint-Cyr, une œuvre d'éducation qui mérite de retenir l'attention. L'idée de faire payer par la France, la dette de la France, en élevant à l'air pur des champs et des bois, les enfants de ceux qui lui avaient donné leur sang, procède d'un sentiment inconnu jusque-là. — Son programme était large : — formation du jugement et culture de l'esprit; le travail de la classe tourné en agrément; la récréation en profit pour l'intelligence, défendant les abstinences trop prolongées. — « Nous voulions » — écrit-elle, — une piété solide, éloignée de toutes les petitesses de l'esprit, un grand choix dans nos maximes, une liberté entière dans nos conversations, un tour de raillerie agréable dans la société et un grand mépris pour les autres maisons... Les « autres maisons » — c'était les couvents qu'elle détestait, où les enfants demeurent muettes, inertes, ne marchant jamais, selon la règle du Port-Royal, qu'entre deux religieuses, l'une devant, l'autre derrière, pour empêcher que, ralentissant le pas, elles aient entre elles, quelque communication.

Par la maison de Saint-Cyr, l'éducation libérale des filles était inventée. Mme de Maintenon fut, selon le mot de M. Gréard, « la première institutrice laïque ». — Saint-Cyr sortait du cloître et allait vers le siècle, tout en demeurant chrétien. — Mais à ce système, l'histoire fut un peu négligée. « Il suffit » — disait Mme de Maintenon — « de ne pas con fondre un empereur romain, avec un empereur de la Chine

ou du Japon et de distinguer un roi d'Espagne ou d'Angleterre, d'avec un roi de Perse ou de Siam. »

Quoi d'étonnant à ce que, entraînée elle-même par le
souffle de liberté qu'elle avait fait naître dans son institution,
elle se soit plu à bercer des jeunes filles au rythme de Racine,
à les déguiser en Assuérus, en Joad, en Mardochée ? — L'idée
était généreuse et l'invention souriante. — Cependant, après
la représentation d'*Andromaque*, où les Saint-Cyriennes
avaient joué Hermione, Oreste et Pyrrhus, avec d'inquiétants
éclats de passion, cette grande chrétienne qui semblait résolue
à préserver d'une vieillesse licencieuse, l'homme qui faisait
seul le destin de son siècle, fit baisser le rideau de son théâtre
et congédia Racine. L'entr'acte dura, nous a dit M. Gebhardt,
dans son beau discours de réception à l'Académie Française,
jusqu'à la première représentation d'*Esther*, en présence du
Roi, le 26 janvier 1689. — Deux ans plus tard, ces demoiselles jouaient *Athalie*. Mais alors, jansénistes et jésuites,
Mme de La Fayette et les ennemis de Racine, coalisés contre ce
qu'ils appelaient « les scandales de Saint-Cyr », poussèrent
des cris de l'autre monde. — D'autre part, les jeunes personnes, enhardies par leur familiarité avec Jéhovah, affectaient
des airs hautains et, pour avoir tenu le rôle de la reine san-
glante, du généralissime Abner et de Mathan, le prêtre rené-
gat, se refusaient à prendre le balai, ayant porté le sceptre,
la tiare ou l'épée. — Le théâtre de Saint-Cyr avait vécu, mais
l'âme de l'institution devait lui survivre.

Alors que, plus tard, Voltaire lui-même ne voulut point
l'en charger, doit-on souscrire aux véhémentes accusations
de Michelet contre le fanatisme religieux de Mme de Maintenon, lorsqu'à la mort du Roi, elle se retira définitivement
dans la maison qu'elle avait fondée. — N'est-ce pas plutôt
aux intendants des biens de Saint-Cyr, qu'il faut reporter la
cause du rigorisme oppressif qui, jusque vers la fin du
xviiie siècle, fut imposé aux paysans de la presqu'île de Saint-
Denis, dans la pratique de la religion ? — Il leur était interdit
de se livrer à aucun travail, le dimanche et, ceux qui, en

période de moisson ou de fenaison, osaient contrevenir à cet ordre, afin de pouvoir rentrer, par un temps propice, leurs blés ou leurs foins, étaient frappés d'amendes exorbitantes, et, en cas de récidive, le bailli ordonnait la saisie de leurs charrettes et de leurs chevaux, qui étaient vendus à l'encan, sur la place publique.

On ne saurait accuser les Dames de Saint-Cyr, de tous les méfaits qui se commirent en leur nom, à une époque où le vol et la fraude fleurissaient sous la protection même de la justice seigneuriale. — Il est pénible de relire aujourd'hui toutes les ordonnances de police, dans lesquelles l'énoncé des amendes joue le premier rôle. — En voici quelques spécimens, dans leur rédaction originale :

PROTECTION DES RÉCOLTES

Du 1er juillet 1718. — Sur ce qui nous a été représenté par le procureur fiscal, pour messieurs les seigneurs de Courbevoie, que les habitants mènent paître leurs bestiaux, dans les prés appartenant aux dits seigneurs ; les habitants font si mal garder ces bestiaux, que ceux-ci se jettent dans les vignes contigües aux prés et les endommagent ; les enfants gardant les bestiaux, ne pouvant s'en défendre.

Défense est faite aux habitants de mener les bestiaux dans les prés des seigneurs, sous peine de *10 livres d'amende* contre chacun des contrevenants.

(*Signé*) N. REGNAULT,
N. NUPIED avocat au Parlement, juge, prévôt civil, criminel et de police, de la prévôté de Courbevoie.

27 août 1720. — Ordonnance de Nupied, avocat au Parlement, *concernant l'établissement des garde-portes, pour la conservation des raisins.*

Les caporaux devront nommer eux-mêmes ces gardes et les poster chaque jour et chaque soir à l'entrée de la nuit. — *10 livres d'amende,* pour celui qui abandonnera son poste, *même un instant.* — Il est ordonné de visiter tous les paquets d'herbes ou autres choses entrant à Courbevoie. — Défense de laisser passer les porteurs de paniers de raisin, sans permission. — Empêcher les enfants au-dessous de 12 ans, de sortir seuls pour aller dans les champs. — Arrêter les enfants rôdant la nuit, — pères et mères, déclarés responsables du fait de leurs enfants et les maîtres, du fait des domestiques, etc.

(Signé) LEDOUX, greffier.

Caporaux : Jacques BÉHURÉ, porte de Paris,
Jacques LÉPINE, porte de Nanterre,
Pierre HAVET, porte de Saint-Denis,
Denis LESINE, porte de Colombes.

Autre ordonnance de Nupied, pareille à celle ci-dessus, avec, en plus, cette note ajoutée :

5 septembre 1732. — Les habitants qui refuseront la garde, paieront *3 livres* d'amende, plus, les frais d'un homme mis à à leur place à raison de *30 sols par jour.* Si les caporaux ne font pas leur service, — *10 livres d'amende.* — Les femmes et les filles sont exclues de cette garde et les garçons ne peuvent prendre la place de leur père, s'ils n'ont 21 ans, sous peine de 18 *livres d'amende.* — Tenir les chiens en laisse, pour qu'ils n'aillent pas dans les vignes, sinon, on a le droit de les tuer.

(Signé) BINET,
Huissier au baillage de Rueil et dépendances.

La vérification des poids et mesures. — Mercredi 3 août 1774.
— Ordonnance de Claude Nicolas Lalaure, avocat au Parlement, censeur royal, prévôt, juge civil, criminel et de police,
des haut et bas Courbevoie. — Entré chez les différents
marchands et débitants du dit lieu : — *Sur la place,* chez
Joseph Maye, regratier et revendeur de pain ; — Confisqué 11
pains de 6 livres, auxquels il manquait de 2 à 3 onces chacun
et, portés chez le vicaire, pour être distribués aux pauvres.

Chez *la dame Monnasson,* boulangère, rue du grand chemin
de Bezons, en face des casernes, fournisseur de Joseph Maye ;
— Là, confisqué 17 pains de 6 livres, auxquels il manquait de
2 à 3 onces chacun ; portés chez le vicaire, pour les pauvres.
— Tous deux condamnés à *25 livres d'amende* et défense de
récidiver. — *Le 14 septembre,* chez le nommé de Liancourt,
boulanger au bas Courbevoie ; — Confisqué 13 pains de
6 livres, auxquels il manquait de 2 à 6 onces chacun ; —
Remis au vicaire, pour les pauvres. — *25 livres d'amende.*

(A cette époque, l'avocat Nupied avait disparu. — Il est
probable qu'il avait dû finir par se trouver confortablement
chaussé.)

L'entretien des chemins. — 8 janvier 1779. — Autre ordonnance de Lalaure. — Sur la demande du procureur fiscal,
tous les habitants, à tour de rôle, soit de leurs bras, soit avec
chevaux et charrettes, lorsqu'ils seront commandés par les
voyers et syndics, doivent se rendre *en corvée,* pour réparer
le chemin qui conduit à la maison du sieur Charvet, jusqu'à
la place de ce lieu, ainsi que la rue de Colombes. — Sous
peine de *6 livres d'amende* contre ceux des contrevenants
commandés avec chevaux et charrettes et, de *3 livres,* pour
les autres. — De plus, ouvriers, charrettes et chevaux mis à
leur place et à leur charge. — Exécutoire de remboursement
contre les délinquants, sera délivré au syndic. — Il est enjoint
aux caporaux de commander les escouades et de les accompagner au travail, pour veiller à ce que chacun remplisse son

devoir. — *6 livres d'amende*, contre chaque commandant
fautif.

*

Et la Garenne elle-même, quoique entourée de murs, était
redevenue une source d'ennuis et de procès pour les paysans.
— Louis XV ayant fait construire à Courbevoie, pour ses
garde-suisses, la caserne qui s'y voit encore aujourd'hui, les
soldats ne tardèrent pas à pratiquer des brèches dans les
murs de l'enclos, pour y tendre des collets. — Le fermier s'en
plaignit au Bailli et, la suspicion de celui-ci, se porta naturellement sur les gens de Colombes et de Courbevoie. Le
syndic de la communauté, se vit dans l'obligation de fournir
chaque mois au procureur fiscal, le dénombrement des lapins
élevés ou consommés par les habitants ; il fut, de plus, interdit de laisser pénétrer sur le marché de Colombes, d'autres
lapins que ceux provenant des *dames de Saint-Cyr*.

(Puisque nous avons dit un mot de la construction de cette
caserne élevée sur l'emplacement de l'ancien camp romain et
autour de laquelle grandirent plus tard de très beaux arbres
aux essences rares, il sera peut-être intéressant pour vous,
Mesdames et Messieurs, de savoir que la petite maison à un
étage qui se trouve devant la dite caserne, au coin de la place
Charras et, dans laquelle se voit un établissement de bouche-
rie, tire son origine de la même époque ; non que la bâtisse
actuelle remonte aussi haut, mais, sur l'emplacement qu'elle
occupe, le Roi avait donné à un sous-officier des Suisses,
l'autorisation d'ouvrir une buvette, dans un barraquement.
La barraque s'agrandit d'année en année, puis, fit place à la
maison qui subsiste et dont une partie a été démolie il y a
quelques années. — (La dernière partie de cette construction,
vient de disparaître récemment.)

En 1781, le mardi 25 mai, un décret de prise de corps fut lancé par la Grand-Chambre du Parlement contre l'Abbé Guillaume Thomas Raynal, auteur d'un ouvrage intitulé : *Histoire philosophique et politique des établissements et du commerce des Européens, dans les deux Indes*, ouvrage imprimé à Genève et introduit secrètement en France. — La Cour ordonna que le dit imprimé serait lacéré et brûlé en la Cour du Palais, comme étant impie, blasphématoire, séditieux et tendant à soulever le peuple contre l'autorité souveraine et à renverser les principes fondamentaux de l'ordre civil.

Ce décret de prise de corps devait être exécuté à Courbevoie, où l'Abbé Raynal s'était réfugié, chez le fermier général Paulse. — Mais l'auteur poursuivi ne p·´ être atteint ; il avait été prévenu à temps, du réquisitoire dressé contre lui et s'était hâté de quitter sa cachette.

L'ouvrage fut lacéré et brûlé, le 29 mai suivant.

Le 9 juin 1782, une ordonnance signée Simon, Langlois et Dufrancastel, exige le déplacement du cimetière de Courbevoie. — Ce hameau, dit le document, qui à l'origine, n'était composé que de 50 à 60 habitants, a vu sa population s'accroître au point qu'il y en a aujourd'hui plus de 250 payant *tailles,* sans compter les bourgeois et les deux bataillons du régiment des garde-Suisses formant 1200 hommes. — Il résulte de cette situation que le cimetière placé autour de l'église, est devenu tellement insuffisant, qu'on est parfois forcé de relever des corps avant désagrégation complète, pour en inhumer d'autres. — Cet état de choses, susceptible de provoquer des épidémies, étant contraire à la rel.gion et à l'humanité, le Procureur fiscal, conformément à la déclaration du Roi, en date du 10 mars 1776, requiert le transport du cimetière de Courbevoie, hors de l'enceinte, dans un terrain à acquérir à cet effet, et cela, dans le *délai d'un mois.*

Un lieu nouveau d'inhumations fut alors choisi sur l'emplacement qu'occupent aujourd'hui les marroniers qui sont

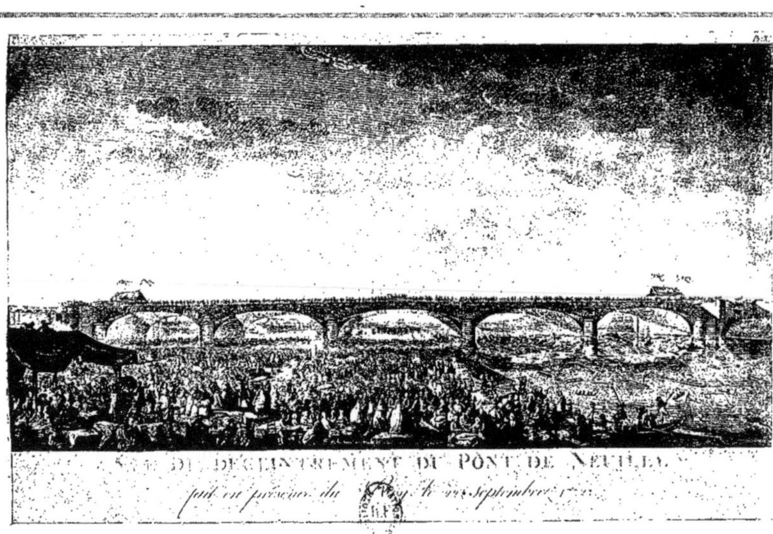

(Bibliothèque Nationale. — Ouvrage de Perronet).   (Page 45).

à l'entrée du champ-de-repos qu'on appelle *l'ancien cimetière*, parce qu'il n'est plus ouvert à de nouvelles concessions et qui ne fut créé lui-même, que vers 1840. — Et c'est dans cet *ancien cimetière* que furent transportés depuis cette époque, les ossements de ceux qui reposaient en dehors de son enceinte. — On retrouve encore sur le mur de la vieille bâtisse longeant l'entrée, du côté gauche, des traces de mausolées !

(Au commencement de l'été de 1906, au moment de l'élargissement de la rue Saint-Denis, en fouillant le sol pour établir les fondations d'une maison qu'a fait élever M. Antoine Colombier, sur le terrain même de l'ancien cimetière qui entourait l'église, terrain devenu sa propriété, les ouvriers ont mis à jour, en même temps que de nombreux ossements humains, un sarcophage en plâtre, en forme de cercueil et renfermant le squelette intact d'un homme de haute taille (1 m. 80). Il y a bien des présomptions pour que ces restes, de par les soins dont on les avait entourés, aient pu être ceux d'un officier des garde-suisses, alors casernés à Courbevoie.)

Le *24 juin 1784*, les compagnies de blanchissage établies à Courbevoie et à la tête desquelles se placent François Perrot, Charles Advenier et Hotgeinde, adressent une supplique au prévôt, pour qu'il leur soit possible de rompre l'association qu'elles ont formée sous le titre d'*entreprise des eaux de lessive économiques*, avec un sieur Thierry, qui est leur administrateur général. — Cet homme avait fait valoir à leurs yeux, au moyen de certificats imposants, le secret de composition d'une eau spéciale, propre à blanchir le linge, leur assurant en même temps, la clientèle des hôpitaux de la Salpétrière, de Bicêtre et de la Pitié.

Au bout de dix-huit mois d'expérience, le succès n'avait pas répondu à leur attente. — Non seulement la clientèle promise, n'était pas arrivée, mais celle qu'on possédait, telles que les casernes de Rueil, de Courbevoie et du dépôt de

Saint-Denis, se plaignait de l'odeur fétide laissée au linge par
le procédé nouveau qui était en même temps corrosif et, se
disposait à les quitter.

Pour obtenir l'annulation de leur acte de société, les compagnies donnent en outre, comme raison que le vrai nom du
sieur Thierry, est *Dutertre* et qu'il les a trompés en signant
des actes, tantôt *Thierry*, tout court, tantôt *Thierry-Dutertre*.
— Elles demandent que le matériel et les marchandises
qui se trouvent aux mains de Thierry, soient placés sous
séquestre et, désirent en faire nommer comme gardien, le
sieur Joseph Fay, commis à la solde de l'association.

Cette expérience avait coûté aux blanchisseurs associés de
Courbevoie, la somme de 40.000 livres, soit environ 130.000 fr.
de nos jours.

(Sig.) Langlois.

Du 3 septembre 1788. — Voici un *ban* fixant l'ouverture des
vendanges, au *mardi 9 septembre*, Jean Bernard étant doyen
des Procureurs de la Prévôté et Jacques Colombier, syndic.
— (Sig.) Langlois.

Dans ce document, on retrouve les noms de tous les anciens propriétaires de vignobles, dont les descendants sont
aujourd'hui encore à la tête des terres principales de la région, — les Colombier — les Ledoux — les Lépine — les Doré
— les Béhuré — les Charpentier — Huré — Lucas — Bucquet
Gillet, etc. — Il y est fait défense d'aller vendanger avant le
jour fixé, sous peine de *50 livres d'amende* et la confiscation
des raisins et des ustensiles qui auront servi à les cueillir. —
La même pénalité s'adresse au *grapillage*, s'il est commencé
avant la quinzaine datée de l'ouverture des vendanges.

Enfin, *en 1789,* les cahiers de la commune de Courbevoie
aux Etats-Généraux, contiennent une pétition dans laquelle
les habitants, las des impôts, des amendes et de la vénalité
des magistrats, tout en rendant de très humbles actions de

grâces au roi, pour la convocation des Etats-Généraux, s'en rapportent à Sa Majesté et aux grands personnages qui composeront l'assemblée, au sujet des réformes à établir.

Ils limitent leurs remontrances particulières, à la suppression des *aides*, de la *gabelle*, du *gros-manquant*, des *lettres de cachet*, et à l'établissement d'*un impôt unique.*

(On nommait *aides*, un impôt levé sur le vin et les autres boissons, dans le but d'aider le roi à subvenir aux dépenses de l'Etat. — Cet impôt était payé par toutes les classes de la société, à l'encontre du droit de *taille*, qui n'atteignait que le peuple. — Nous avons dit précédemment, en quoi consistait ce dernier impôt.

La *gabelle*, était un impôt sur le sel, qui était un des monopoles du Gouvernement. — Le droit de *gros-manquant*, avait pour objet de faire payer aux cultivateurs, *le trop bu*, c'est-à-dire ce qui se consommait au-dessus de quatre pièces de vin accordées indistinctement à chaque ménage, sans avoir égard au nombre plus ou moins grand, des personnes composant le ménage.)

Ils supplient Sa Majesté, de retrancher les pensions qui ne seraient pas méritées et particulièrement celles accordées aux histrions, aux maîtresses et aux espions des ministres.

La multiplicité du gibier de toute espèce, détruit leurs semences ; depuis douze ans, ils sont obligés de semer à deux reprises les mêmes légumes et les grains ; ils ne peuvent conserver leurs vignes et leurs arbres pendant l'hiver, qu'en les enveloppant de paille, pour les garantir de la dent des lièvres..... Ils observent que le terroir de Courbevoie, placé dans la conservation de Mgr. le comte d'Artois, ne sert pas aux plaisirs de ce prince, mais semble destiné aux délassements d'une comédienne. — (C'était Mlle Duthé, — mais cette demoiselle n'était point une comédienne ; ainsi que toutes les courtisanes célèbres de cette époque-là, elle sortait du bataillon des comparses de l'Opéra, et n'avait ni talent ni esprit.)

Ils s'adressent au roi lui-même, pour obtenir la suppression des capitaineries, lui faisant remarquer « qu'il a le droit de chasse dans tout le royaume et qu'il n'y a pas un seigneur qui ne regardât comme un honneur de le voir chasser sur ses terres, etc., etc ».

Cette pétition fut signée par Jacques Colombier, syndic — Jean Regnault — Etienne Doré — Nicolas Lépine — Langlois — J. F. Charpentier — Jean Béhuré — N.-Louis Charpentier — Morel — Jean-Claude Colombier — Pierre Hanel — René Doré — Jean Charpentier — Louis-Denis Cotereau — Claude Lépine — Simon et Nicolas-Jean Gillet.

*
* *

Vous avez déjà compris, Mesdames et Messieurs, qu'une démarche aussi audacieuse, devait être l'indice de la période révolutionnaire qui allait s'ouvrir.

Ce fief de La Garenne, resté intact à travers les évènements du Moyen-âge et de la Renaissance, formait un petit bois très connu des Parisiens, mais qui était resté en quelque sorte à l'état mystérieux, parce que nul n'y pouvait pénétrer sans l'assentiment du fermier. — Il avait la forme d'un hexagone, à peu près régulier, d'une superficie de 342 arpents, mesure du pays de Parisis. — Ses limites naturelles étaient, du côté de Courbevoie, le *Sentier de la Tournelle*, aujourd'hui dénommé *Allée du Midi*; du côté de Nanterre, la chaussée conduisant de *Chante-Coq* à *Bezons*, aujourd'hui *Boulevard du Hâvre*; du côté de Colombes, le *Chemin de la Folie*, aujourd'hui *Rue de l'Industrie* et, du côté des Bruyères, le chemin paroissial de Colombes, dénommé *Avenue de Lutèce*. — Ces limites ont été modifiées depuis, par le tracé de la ligne de Paris à Saint-Germain, qui a distrait du territoire de la Garenne, un terrain triangulaire d'une trentaine d'arpents environ.

Après la nuit du 4 août 1789, où la noblesse de France, poussée dans ses derniers retranchements par le vigoureux coup d'épaule du peuple, fut amenée à faire abandon sur l'autel de la patrie, de ses droits et privilèges séculaires, les Dames de Saint-Cyr se trouvèrent dans l'impossibilité de continuer à diriger leur institution. — Elles restèrent néanmoins, vivant du produit de leur Garenne et de souscriptions privées, jusqu'à la suppression des communautés religieuses et à la confiscation des biens de *main-morte*, qui eut lieu en 1790. — A la suite de cet évènement, elles se dispersèrent et l'administration de La Garenne passa aux mains de la Commission des *Biens Nationaux*, dont le siège était place Vendôme, à Paris.

On sait avec quelle rapidité se succédaient les évènements, sous le règne de l'Assemblée Nationale ! — Le 14 décembre de la même année, elle rendait le décret historique formant les Communes et instituant les Municipalités. — Ce décrêt disait que les limites des paroisses et communautés, devraient être conservées autant que possible, comme limites des communes et, que les territoires contestés seraient soumis à l'arbitrage d'une commission nommée par les municipalités en désaccord.

Or, l'enclos de La Garenne, de par sa nature même, se trouva être un territoire contesté, qui donna lieu à une lutte curieuse entre Courbevoie et Colombes. — L'enclos étant toujours resté sous l'administration directe des seigneurs, avait été, de tout temps, exempt de la dîme à l'église de Colombes. — Néanmoins Courbevoie qui, après avoir fait partie *de la paroisse* de Colombes pendant 1.200 ans, avait obtenu d'être *paroisse* à son tour, en 1784, (c'est de cette époque que date la construction de l'église en rotonde d'assez bon goût, telle qu'elle existe aujourd'hui), — Courbevoie, dis-je, persista à revendiquer le territoire de la Garenne, alléguant que dans l'ancien régime, les seigneurs de Courbevoie avaient toujours possédé ce fief, et qu'il y avait, de par ce fait, similitude et communauté d'origine entre les deux territoires.

Cet argument ne pouvait avoir beaucoup de valeur à une époque où le peuple emporté par son énergie émancipatrice, brûlait ou démolissait les châteaux, détruisait les inscriptions et même les titres ou papiers susceptibles de rappeler de près ou de loin, le régime féodal aboli.

Colombes riposta en disant : 1° Qu'en raison de son territoire qui enveloppait l'enclos, sauf d'un côté, elle avait plus souffert du droit de garenne, que Courbevoie ; — 2° que lorsque les seigneurs eurent fait achever le mur de clôture, la communauté de Colombes avait consenti à diminuer les *tailles* dues par le fermier, d'une somme équivalente au coût de l'entretien dudit mur. C'est ce dernier argument qui prévalut et, à la majorité de trois voix contre deux, l'enclos fut attribué à la commune de Colombes. Il faut dire que le Président de cette Commission, était le citoyen Roussel, curé de Colombes, qui avait pris en mains et dirigé le mouvement révolutionnaire dans le canton.

Cette décision de la Commission arbitrale, aggrava encore les discussions qui existaient depuis la séparation entre les deux communes, à tel point que la municipalité de Colombes comprit qu'il était de son devoir de faire un sacrifice pour établir d'une façon durable, des relations de bon voisinage entre les deux communes sœurs.

Le décret de l'archevêque de Paris, qui avait érigé Courbevoie en *paroisse*, en 1784, se terminait par la clause suivante, contre laquelle la paroisse de Courbevoie avait maintes fois protesté :

« Voulant conserver à l'église paroissiale de Colombes, la

« reconnaissance qui lui est due par l'église paroissiale de
« Courbevoie, ci-devant son obligée et érigée en cure par notre
« présent décret, — ordonnons que le marguiller en charge
« de la nouvelle paroisse de Courbevoie, rendra tous les ans,
« le dimanche dans l'octave de Saint-Pierre, aux dépens de
« la Fabrique de Courbevoie, le pain bénit à la dite église de
« Colombes, lequel marguiller sera en outre tenu de donner,
« par forme de reconnaissance au curé de Colombes, *trois*
« *livres* d'offrande, et pareille somme à la Fabrique de cette
« paroisse. »

Et chaque année, en effet, le marguiller de Courbevoie
allait à Colombes, remplir cette obligation que les habitants
de Courbevoie considéraient, à tort ou à raison, comme
humiliante pour eux.

Le curé Roussel, alors d'accord avec la Fabrique et après
avoir pris l'avis de la Municipalité, fit connaître que la
paroisse de Colombes abandonnait le bénéfice de cette clause
du décrêt épiscopal et la paroisse de Courbevoie en ressentit
une vive satisfaction. — A ce moment là, aucun trouble n'a-
vait encore été apporté dans l'exercice du culte. — Mais cette
concession fut, à Courbevoie, reconnue insuffisante. — Le
beau territoire de La Garenne valait mieux qu'une miche de
pain bénit! — La Municipalité de Colombes s'en rendit
compte et, par une délibération prise en mars 1791, elle
déclara abandonner les lieux dits *Les Fauvelles* et *Les Couronnes,* qui lui avaient été attribués, bien qu'enclavés dans le
territoire de Courbevoie, parce qu'ils étaient possédés en
propre, par des habitants de Colombes.

Courbevoie accepta avec reconnaissance et s'engagea de
son côté, à faire garder consciencieusement par ses messiers,
les récoltes des gens de Colombes. — Quant à l'enclos, classé
comme bien de *main-morte*, il fut mis en vente à Saint-Denis,
en novembre 1791 et adjugé pour la somme de 12.000
livres, au citoyen Thévenin-Tanley, ci-devant messire

Etienne-Jean-Benoît Thévenin, marquis de Tanley, chevalier, premier président de la Cour des monnaies.

.•.

Après la nuit du 10 août et la déchéance de Louis XVI pro-
clamée par les sections de Paris, l'une des patrouilles qui
fouillaient les alentours de Suresnes, pour observer ceux des
habitants désignés comme *suspects*, un individu fut trouvé
dans les vignes qui entouraient le Mont-Valérien. — Immé-
diatement garotté; cet homme est conduit devant le maire,
qui l'interroge :

« — Vos noms et prénoms ?

« — Antoine Grangé.

« — Votre profession ?

« — Garde-Suisse aux casernes de Courbevoie.

« — Quel est le motif qui vous engage à parcourir ainsi les
champs ?

« — J'étais malade aux casernes et l'on m'envoie à Saint
« Cloud, pour avertir mes camarades de garde au château,
« d'avoir à rendre leurs armes, s'il en sont requis. »

Quoique cette réponse ait paru vraisemblable, le maire fit
mettre Grangé en état d'arrestation. — Conduit à Paris l'infortuné trouva la mort dans les massacres de septembre 1792.

.•.

IV.me VUE DES TRAVAUX DU PONT DE NEUILLY.

(Bibliothèque Nationale. — Ouvrage de Perronet).

(Page 45).

En somme, on ne saurait trop en vouloir aux Municipalités d'alors qui, à l'exemple de la Législative, s'attribuèrent le droit de poursuivre les crimes menaçant la sureté intérieure et extérieure de l'Etat, de faire des visites domiciliaires et de désarmer les gens suspects.

Les exactions de toutes sortes, les procédures ruineuses, dont, depuis des siècles et malgré les chartes d'affranchissement, tous ceux qui n'appartenaient pas à la caste privilégiée, étaient victimes, avaient surexcité les esprits, au point que chacun marchait à l'aveuglette.

Ainsi, dans la journée du 2 juin 1793, lorsque sous la pression du peuple en armes, la Convention jeta en pâture à la Commune de Paris, vingt-neuf de ses membres les plus éloquents, les plus sages et les plus honnis, on peut assurer, que pas un des quatre-vingt mille figurants qui servirent à intimider l'Assemblée, ne comprit un seul mot de l'imbroglio. — Les citoyens obéissaient à l'appel du tambour ou du tocsin, se ralliaient au drapeau de la compagnie, arboré devant la porte de chaque capitaine, s'alignaient, partaient du pied gauche et marchaient résolument, sans savoir où ni pourquoi.

Parmi ces 80.000 hommes, massés autour de la Convention, les garde-nationaux de Courbevoie se trouvaient au premier rang, encadrés par ceux de Saint-Germain et de Melun. — Il est propable qu'ils y avaient été entraînés par Hanriot, ce Conventionnel qu'on avait surnommé la « Bourrique à Robespierre », à cause de ses chevauchées dans Paris, sur une haridelle que suivaient ses aides-de-camp empanachés.

François Hanriot, fils d'Edme Hanriot et de Marguerite Davoine, tous deux, domestiques chez un ancien trésorier de France, venait en effet, en droite ligne de Nanterre, où il était né en 1759. — Il avait un peu essayé de toutes les professions. — D'abord, enfant de chœur, bedeau, domestique, on l'avait connu marchand de rogomme. — Il avait ensuite

couru les foires de banlieue, traînant un éventaire de bonne-
terie. — Après avoir été commis aux barrières, laissant courir
le bruit qu'il avait incendié son bureau, pour se garer d'une
vérification d'écritures, il alla en janvier 1793, s'installer à
Paris, rue de la Clef. — Il était *rentier*, à la grande joie des
patriotes de la Section, qui était celle des « sans-culottes ». —
Une légende qu'il ne démentait pas, lui prêtait un rôle dans
les massacres de septembre ; on disait aussi qu'il avait
dénoncé sa mère, ce qui était alors un suprême éloge. — Très
assidu à la Section, l'idée dont il ne démordait pas, était de
taxer les riches, « d'aller leur rendre visite, un billet dans
une main, un pistolet dans l'autre ». — Il devint bientôt
l'idole des blanchisseuses du quartier, dont l'influence lui
avait valu à l'élection, le grade de capitaine d'une compagnie
de la Section. — Bref, le 2 juin, lorsque les représentants du
peuple, Héraut de Séchelles à leur tête, sortent de la salle des
séances, espérant qu'à leur vue le peuple en armes va se dis-
perser et, se dirigent, perplexes, vers les rangs compacts de
l'armée révolutionnaire commandée on ne sait par qui, le
président, lentement, incline à droite, vers l'Etat-major ; il
s'arrête à quelques pas d'un général empanaché qui, du haut
de son cheval, le regarde, impassible ; la minute est angois-
sante ; le président, sans se découvrir, proclame le décret
portant l'injonction à la foule armée, de se retirer. — L'Etat-
major ricane.

« Que veut le peuple » reprend Héraut de Séchelles conci-
liant. — « La Convention ne s'occupe que de son bonheur ».
— Alors l'officier, tirant son sabre, assurant son chapeau à
plumes, fait cabrer son cheval et, d'une voix qu'on entendit
de la galerie du musée — « une gueule à faire taire toute une
place », — il commanda :

— « Canonniers, à vos pièces ! »

La troupe obéit ; quelqu'un prend Héraut de Séchelles, par
le bras et l'entraîne ; les conventionnels rentrent sous le vestibule, hâtivement, s'efforçant, tant bien que mal, à garder

l'aspect d'un cortège, consternés, gémissants ; — l'un d'eux, Lacroix, pleurait d'humiliation. Tous, se retournant vers la troupe, désignant ce général inconnu, se demandaient : « Qui est-ce ? » Nul ne connaissait ce petit homme rasé, propret, rougeaud, à l'œil clignotant, gardant sous ses broderies et ses panaches, l'air insolent d'un Frontin du répertoire. Quand ils eurent regagné la salle des séances, l'un des Secrétaires lut la liste des vingt-neuf députés à proscrire, et la Convention vota, livrant, tête basse, les plus illustres de ses membres, les Vergniaud, les Barbaroux, les Buzot, les Louvet, cette noble Gironde qui était née à la gloire le même jour que la liberté...

On dit que, tandis que les députés écoutaient dans une tristesse poignante, la lecture du décret de proscription, le général devant qui s'était repliée la représentation nationale, poussa l'audace jusqu'à venir à la buvette de l'Assemblée se faire servir un verre de vin. Beaucoup n'apprirent que là, son nom : c'était Hanriot simple capitaine l'avant-veille, que la Commune avait investi du commandement général de l'armée parisienne. Quand il eut la certitude de sa victoire, Hanriot sortit froidement du palais, remonta à cheval et reprit la tête de ses troupes, qui, tambours battants, regagnèrent leurs sections. Rue de la Clef, les lessiveuses et les corroyeurs acclamèrent *le général ;* nul ne se doutait, pas même lui, que ce loustic nanterrois, venait d'accomplir la plus formidable des révolutions.

Mon spirituel confrère, M. G. Lenôtre, qui nous a conté cette histoire, nous dit que, trente jours plus tard, Hanriot recevait, signé du Ministre de la Guerre, son brevet de général de brigade. Deux mois après, le 19 septembre, Hanriot est nommé général de division ; son nouveau brevet n'est pas plus explicite que le premier. Cependant, à la colonne : *Détail des services,* on lit cette mention : *Général de brigade depuis le 3 juillet.* Ce parchemin lui conférait d'ailleurs, ainsi qu'il ressort du dossier conservé aux archives de la guerre, non-seulement le commandement de toutes les gardes parisiennes mais aussi celui de la 17ᵉ division militaire. Hanriot disposait donc d'une armée *de cent trente mille hommes* et, se trouvait être le plus puissant personnage de France. Mais il n'en a heureusement pas conscience. C'est de l'Hôtel-de-Ville, où il vit en bohême, qu'il date ses ordres du jour aux troupes, ordres soigneusement consignés sur un registre que conservent les Archives Nationales. Hanriot recommande à ses hommes « la fierté imposante des républicains ». « Mes frères d'armes, — écrit-il, — soyez toujours sublimes et surveillants ! » Il les met en garde contre « l'or du Ministre anglais et compagnie, qui a été répandu avec profusion ». Il leur rappelle que « la police ne se fait pas avec des piques et des baïonnettes, mais avec la raison et la philosophie qui doivent entretenir un œil de surveillance sur la Société ». Il se montre le moins militaire des généraux. « Ne parlons jamais de force armée ; elle touche de trop près au despotisme ; je sais qu'il en faut, mais le nombre doit en être très petit ». Sa conception de la société est, d'ailleurs, peu libérale : « Mes camarades ! Arrêtez toujours ! Ceux qui ne seront pas contents, iront vivre où bon leur semblera ». Son but avoué est d'épargner, le plus possible, à ses frères d'armes, les fatigues et les corvées.

Quelques-unes de ces proclamations sont d'une naïveté qui touche au sublime : « Mes frères d'armes se plaignent qu'ils n'ont pas de fusils ; ce n'est pas ma faute. Je désirerais les voir tous armés de même ; *mais la pique est excellente pour se battre contre un homme non armé !... »*

Et cette autre : « Hier au soir, le feu a pris aux Grands-Augustins : les citoyens, les magistrats, la force armée s'y sont rendus tous à la fois ; tous ont travaillé ; l'incendie a été *éteinte* en très peu de temps. Sous l'ancien régime, le feu aurait duré plusieurs jours ; sous le régime des hommes libres, le feu n'a pas duré plus d'une heure ; quelle différence ! »

Hanriot connaissait son public : il subsiste, dans son éloquence, quelque chose de ses boniments de jadis, alors qu'il parcourait les foires.

***

Mais, peu à peu, les choses se gâtent. Bientôt on reproche à Hanriot d'avoir sa loge au théâtre de la République et à l'Opéra-Comique, loge de 6 places, aux *premières* de face, qu'il avait louée à l'année en Ventôse an II, pour une somme de 2.000 livres. — Un ami, qui signe *Legrand*, lui écrit : « Sauve ta tête, si tu peux ». Les blanchisseuses se désafectionnent de lui ; l'air est devenu de feu. Tout Paris est ivre et fou ! Au 9 thermidor, trois porteurs d'ordre du Comité de sûreté générale, viennent à l'Hôtel-de-Ville pour l'arrêter. Il se défend, ses aides-de-camp dégaînent, une lutte sauvage s'engage. Puis, le général, titubant, les joues en feu, sans chapeau, descend sur la place, se hisse à cheval, s'élance au galop dans la rue, haranguant la foule, partout où il se trouve. A 10 heures du soir, au moment où il rentre à l'Hôtel-de-Ville, Coffinhal l'empoigne par le collet et le jette du troisième étage dans une petite cour, où il est retrouvé le lendemain, meurtri et sanglant ! — Le jour même, il partait de la Conciergerie pour la guillotine ; on le mit sur la deuxième charrette ; les honneurs de la première, avaient été faits à Robespierre et à Dumas. Arrivé sur le lieu du supplice, Hanriot était hideux à voir, le front ouvert, l'œil droit pendant sur la joue, la figure ensanglantée, la chemise et les habits déchirés, couvert de la fange du cloaque où il avait passé la nuit, et ivre encore. Cent mille personnes, sur la place, hurlèrent de joie en voyant tomber sa tête. Quand roula celle de Robespierre, une voix de femme, dans le silence qui s'était fait, cria : *Bis*.

***

Nous nous arrêterons ici, aujourd'hui et, à la prochaine conférence, nous nous occuperons, en même temps que des environs de Courbevoie, de la période qui s'est écoulée, de la Révolution française à nos jours.

ÉCHOS DE PRESSE

Association philotechnique. — La série des conférences que donne tous les ans l'Association a commencé samedi dernier. M. Boursier, en termes très appréciés a dit la grandeur du but et la noblesse de cœur de ceux qui s'y consacrent. Puis M. Vuagneux, l'éminent critique d'art, a fait devant une salle archi-comble l'historique de Courbevoie et de ses environs, depuis les temps les plus reculés. Malheureusement, les privilégiés des premiers bancs ont, seuls, profité du très important labeur auquel s'était astreint le conférencier depuis plus de deux ans pour charmer ses auditeurs. Comme j'étais très éloigné, je me réserve de me dédommager à la lecture. Les projections furent des mieux réussies et la musique du 119e, qui s'est fait entendre à plusieurs reprises, a été très applaudie.

En somme, belle soirée qui dénote chez les professeurs la joie d'enseigner et parmi le public le louable désir de s'instruire.

(Extrait de la *Fédération de la Seine*, 18 novembre 1905).

Association philotechnique. — *Conférence du 11 novembre 1905.* — Le temps exécrable dont nous avons été gratifiés samedi dernier, n'avait pas effrayé, outre mesure, les fidèles habitués des conférences de l'Association.

Le sujet intéressant de la conférence « Courbevoie et ses environs, de leur origine à nos jours » et la notoriété de l'écrivain distingué qu'est M. Henri Vuagneux, ont suffi à décider ceux de nos concitoyens qui pouvaient avoir quelque hésitation à se risquer hors de chez eux par un aussi mauvais temps.

Aussi, bien avant qu'ait sonné l'heure marquée pour le commencement de la conférence, l'affluence était telle que l'Association philotechnique s'est vue dans l'obligation d'autoriser l'accès des galeries de la Salle des Fêtes qui devaient être interdites au public.

En la circonstance, cette mesure s'imposait absolument, mais elle est fâcheuse. Il est, en effet, difficile, quelles que soient les précautions qu'on prenne, d'empêcher qu'il se produise du bruit dans les galeries et c'est fort gênant, tant pour le conférencier que pour les auditeurs sérieux, venus là pour écouter et que la vue seule des projections ne suffit point à satisfaire.

C'est donc tout à fait exceptionnellement que l'accès des galeries devrait être autorisé.

Après l'exécution d'un morceau d'ouverture par l'excellente musique du 119e régiment d'infanterie, M. Boursier, maire de Courbevoie, prend la parole pour présenter au public le conférencier M. Henri Vuagneux ; il le remercie d'avoir bien voulu accepter de faire cette conférence qui offre le plus grand intérêt pour les habitants de la banlieue-ouest.

M. Boursier remercie également tous les collaborateurs qui ont secondé M. Vuagneux dans sa tâche : MM. Pouzargues, Léty, Daubin, Tutin et Lebas, auteurs des tableaux exposés et MM. Bouillette et Pepper à qui sont dus les clichés qui vont servir aux projections.

Nous ne saurions, dans le cadre réduit qui nous est assigné, essayer d'analyser, même succintement, le remarquable travail de M. Vuagneux. Il a exigé, nous en sommes convaincus, de longues et laborieuses recherches.

C'est une étude fortement documentée, consciencieuse autant qu'éclairée, faite avec le plus grand soin et qu'il faut lire.

Ce que nous pourrions en dire ici, n'en donnerait à nos lecteurs qu'une idée imparfaite.

Il est vraiment regrettable que M. Vuagneux, indisposé depuis déjà quelques jours, n'ait pas joui ce soir là, de la plénitude de ses moyens vocaux. Sa voix affaiblie n'a pu dominer le brouhaha de la salle et les très belles pages dont il a donné lecture n'ont été perçues que par un nombre trop restreint d'auditeurs.

Ayant eu la bonne fortune de nous trouver parmi ces quelques privilégiés, nous avons pu apprécier une fois de plus toutes les qualités de cet écrivain de talent.

La musique du 119e n'a pas failli à sa réputation et s'est fait applaudir dans une *Polonaise de concert* de Paul Vidal et dans *Farandole de l'Arlésienne*. Grand succès pour M. Charpentier

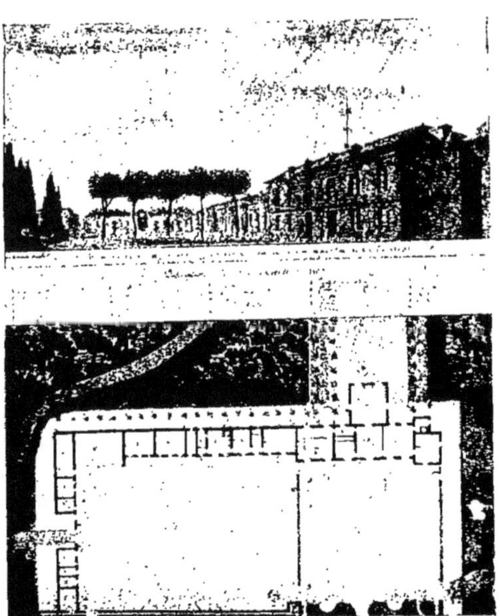

Maison du Fermier et des Intendants de la Garenne, avec, en dessous, le plan de la propriété. L'état dans lequel on la voit ici et qui forme le sujet du panneau de M. Daubin est celui dans lequel se trouvait cette habitation après avoir été restaurée en 1807 par le Dr Corvisart, médecin de Napoléon Ier, à qui elle appartenait à cette époque. (Page 53).

(Département des Estampes, Bibliothèque Nationale. Collection Destailleur).

L'Ile de Puteaux sous Louis XV. — Vue prise du bas du pont de Neuilly. — On voit, à droite, le calvaire et, dans le fond, à gauche, le village de Saint-Cloud et l'abbaye de Longchamp ; de ce côté-ci de la Seine, derrière le pavillon de l'île, on aperçoit une partie du village de Suresnes. (Page 72).

(Bibliothèque Nationale).

qui a exécuté d'une façon magistrale le solo de violon dans le *Prélude du Déluge* de Saint-Saëns.

Beau succès aussi pour Mme Virey, professeur de chant à l'Association qui, supérieurement accompagnée par Mme Bédu, a tenu l'auditoire sous le charme de sa voix sympathique.

(Extrait de *La Gazette de Neuilly*, 19 novembre).

———

Samedi dernier, notre éminent confrère, M. Vuagneux, critique d'art, a fait salle comble à l'Association Philotechnique, avec sa conférence sur Courbevoie. — Ainsi qu'il convient à sa renommée, il fut accompagné sur la scène, par le cortège des autorités municipales, philotechniques et artistiques, parmi lesquelles nous avons remarqué MM. Boursier maire — Bédu et Méring, adjoints — Jupin, Président de l'Association, Paul Vidal, l'éminent chef d'orchestre de l'Opéra, collaborateur du conférencier, Ménin, Bouillette, Boissonnade, Beaugendre, Logie, Tutin, Lebas, Boquet, Directeur de l'École communale de la rue Ficatier chargé du fonctionnement de la lanterne de projection ; Charonnat, le Docteur Jamest etc.

Disons de suite que les clichés photographiques fort beaux, sont dus à MM. Bouillette et Pepper, que les tableaux (le vieux pont de bois et la construction du pont de Neuilly) sont de M. Pouzargues ; le château de Courbevoie est de M. Léty ; ces Messieurs sont élèves des Beaux-Arts, tous deux ont concouru pour le prix de Rome et ont obtenu la récompense du concours Chenavard. M. Daubin, architecte, professeur de dessin, en collaboration avec son élève M. Pinel, dessinateur à l'usine de Dion, ont brossé de main de maître le château de Corvisart à La Garenne ; enfin le château de Madrid est de MM. Lebas et Tutin, professeurs-adjoints à la Philotechnique.

M. Vuagneux n'a pas, à proprement parler, fait une conférence ; il a plutôt, au point de vue d'une éthnologie consciencieuse, donné connaissance complète des documents intéressants qu'il a su chercher et trouver dans les Bibliothèques, dans les musées ou sur les lieux mêmes, durant les deux laborieuses années qu'il vient de passer à l'édification de cette œuvre, véritable travail de bénédictin. — Tout le monde a rendu hommage au paléographe

distingué qu'est M. Vuagneux, lui reconnaissant la possession de
la science des mœurs et des passions des hommes, qui fait de lui
un historiographe documenté ; etc., etc.

(Extrait de *l'Écho des deux Cantons*, du 19 novembre 1905).

Samedi dernier, 11 novembre, a eu lieu, Salle des Fêtes, la
Conférence de M. Henri Vuagneux, critique d'art, sur *Courbevoie
et ses environs.*

Un public aussi nombreux que choisi, y assistait, sous la présidence de M. L. Boursier, maire de Courbevoie, entouré du Conseil
d'Administration de l'Association Philotechnique, MM. Jupin,
Président, Beaugendre, Secrétaire-Général, etc., et d'un grand
nombre de notabilités.

La Conférence, très documentée, n'a pas duré moins de deux
heures. Malheureusement, l'organe un peu faible du conférencier,
ne portait que dans une partie de la vaste salle. — Des projections à la lumière électrique, fort bien réussies, ont cependant
permis aux auditeurs loin placés, de suivre les grandes lignes de
la Conférence.

L'érudit conférencier nous a promené, à travers les faits de
l'histoire, depuis les temps gallo-romains, jusqu'à la Révolution
et le commencement du xix⁰ siècle, notant scrupuleusement tout
ce qui de près ou même de loin touchait à Courbevoie et à la
région circonvoisine.

Nous nous proposons de donner dans notre prochain numéro,
une analyse avec illustrations de cette intéressante Conférence ;
M. Vuagneux en donnera prochainement une seconde, pour
terminer son étude sur *Courbevoie et ses environs, de leur origine
à nos jours.*

(Extrait de *Ouest-Banlieue*. Puteaux, du 19 novembre 1905).

Deuxième Conférence

Mesdames,

Messieurs,

On m'a reproché, après ma dernière conférence, de n'avoir point élevé la voix, de façon à être entendu de la salle entière. — Il est possible que cela soit exact et je veux même croire que les choses aient pu se passer de la sorte, puisque dans l'état général où je me trouvais, il y eut des moments où je ne m'entendais pas moi-même. — Je m'en excuse donc auprès de celles des personnes qui étaient venues en ce lieu, avec le vif désir de ne point perdre un mot de ce que j'avais à dire et qui ont dû se résoudre à n'emporter de mémoire, que des lambeaux de phrases.

Mais il faut convenir aussi, et j'ai le très grand regret de le constater depuis longtemps déjà, que parmi les auditeurs de nos conférences, il s'en glisse quelques-uns qui ne fréquentent ces réunions, que pour se donner le malin plaisir d'y être des promoteurs de trouble. — Non seulement ceux-là sont buttés et ne veulent point comprendre que les diverses connaissances qu'ils pourraient acquérir ici, leur seraient profitables, mais ils tiennent à ce que leurs voisins ne puissent bénéficier en quoi que ce soit, des enseignements que des hommes de dévouement viennent apporter, sous une forme ou sous une autre.

C'est à l'aide de semblables procédés d'obstruction, mis en pratique à l'heure actuelle un peu partout, que l'ignorance s'encrasse de plus en plus dans les campagnes et qu'au début de ce xx° siècle, alors que la science fait de si grands pas, nous voyons encore en France, au point de vue de l'instruction même la plus élémentaire, des populations en retard de 300 ans sur certains pays voisins, malgré tous les moyens mis à leur disposition, pour qu'il en soit autrement.

Nous avons en effet, cette année même, la triste mission de recevoir à nos cours du soir, *150 soldats* ne sachant *ni lire, ni écrire,* — proportion effrayante sur un chiffre de 5 à 600 recrues, arrivées à Courbevoie. Ne croirait-on pas vivre dans les steppes de l'Ukraine ou les montagnes de l'Oural ?

Parmi les jeunes gens que l'atelier a déjà englobés et qui n'ont qu'une teinte très superficielle de ce qu'il faut obligatoirement posséder pour ne pas se trouver aux prises avec les difficultés quotidiennes de l'existence, il s'en trouve malheureusement trop peu, qui, aux heures de loisir, manifestent le désir de parfaire les notions reçues à l'école ; chez ceux de leurs camarades, dont le savoir est peut-être d'un degré plus élevé et qui s'en énorgueillissent, toute conversation ou toute lecture ennuie, dès qu'elle se prolonge au-delà d'un instant ; il faut que pour eux, tout aille vite, toujours plus vite, on ne sait pourquoi, comme les autos ! — Pareils à ces personnes qui ouvrent un livre et, après en avoir parcouru la première page, sautent à la dernière, croyant ainsi en avoir suffisamment compris le contenu, ils veulent arriver à la fin d'une leçon, avant d'en avoir écouté même le commencement.

Quand le sujet s'y prête et qu'on s'appelle Berthelot ou Mme Currie, il est permis à la rigueur, de ne parler que pendant cinq minutes, lorsque la causerie n'a d'autre but que de charmer rapidement les oreilles d'une Altesse en voyage, étroitement soumise aux règles d'un Protocole. Mais dans une conférence comme celle que j'ai eu l'honneur de faire il y a un mois, où l'on est obligé de lire presque constamment un travail qui n'est dû qu'à de patientes et laborieuses recherches, il est impossible, à moins de n'établir qu'une sèche nomenclature de faits donnant l'impression d'une page d'annuaire, d'être aussi bref qu'on le voudrait.

Pour vaincre néanmoins, dans une certaine mesure, les difficultés qui me sont opposées et donner satisfaction aux uns et aux autres, j'ai supprimé de ce que j'ai à dire aujourd'hui, quantité de notes fort intéressantes et concernant plus particulièrement *nos environs*. La majeure partie de mes auditeurs présents, en sera privée, mais ces notes, mesdames et messieurs, vous les retrouverez à la publication entière de mon travail, publication qui formera, en un volume illustré, le complément des belles toiles que MM. Pouzargues, Léty, Daubin, Tutin et Lebas, pour être agréables à l'Association Philotechnique, se sont donné la peine de brosser sur mes indications. Les cinq grands panneaux que vous avez pu admirer déjà, lorsqu'ils n'étaient qu'ébauchés, resteront à la mairie de Courbevoie, comme un souvenir durable de ces deux soirées.

***

Nous avons, le 11 novembre dernier, arrêté notre promenade au moment où, place de la Révolution, tombait la tête d'Hanriot, devenu général. Barras, qui lui avait succédé dans le commandement de l'armée parisienne, contait malicieusement, qu'à l'époque de la Restauration, quand le Gouvernement rechercha dans la fosse commune du cimetière de la Madeleine, les restes de Louis XVI pour les transporter à Saint-Denis, l'exhumation fut si maladroitement dirigée, qu'on opéra la fouille à l'endroit précis où avaient été jetés les corps de Robespierre et des autres condamnés de Thermidor. — Et c'est ainsi, affirmait-il, qu'*Hanriot* de *Nanterre,* le camelot des foires de banlieue, repose, — épilogue inattendu de sa stupéfiante histoire, — dans le caveau des Rois, restauré pour le recevoir !

Puisque l'odyssée de ce fantoche nous a conduits à Nanterre, j'en profite en prenant ce point de départ, pour vous faire traverser rapidement quelques-unes des localités rapprochées de Courbevoie qui, ainsi que notre commune, eurent tant à souffrir des incursions ennemies ou des désordres des Révolutions. — De même que plusieurs des villages qui l'entourent, *Nanterre* remonte à la plus haute antiquité. —En 429, on l'appelait encore *Nemetodorum,* en vieille langue gauloise. — Les Druides y avaient des dolmens et des menhirs. — Geneviève qui y nâquit, avait alors douze ans ; on y conserve l'emplacement du puits qui, selon la tradition, servit à l'usage de ses parents (Sévère et Géronce). — En 591, Clotaire II, fils de Chilpéric, fut baptisé à Nanterre. — Au xii° siècle, ce bourg appartenait à l'église Sainte-Geneviève de Paris. — Mis à sac par les Anglais, en 1346, il fut le théâtre de cruautés inouïes, puis, fut repris, en 1411. — Enfin, en 1815, lors de l'invasion, un combat des plus vifs, entre Français et Prussiens, s'y engageait à nouveau.

Puteaux, figure dans un grand nombre de chartes du Moyen-Age. — « Les chroniques de Saint-Denis » en font mention, sous le nom *d'Aiguepiante.* — Ce fut pendant longtemps, un petit hameau dépendant de la paroisse de *Suresnes* qui, elle, fut donnée par Charles-le-Simple, à l'abbaye de Saint-Germain-des-Prés. — C'est à *Suresnes,* qu'en 1593, se tinrent les *Conférences* à la suite desquelles Henri IV embrassa la religion catholique (1).

(1) *Suresnes* avait rue du Puits-d'Amour, une vieille église du xve siècle, qui menaçait ruine et vient d'être abattue par ordre de la municipalité. — Ravagée autrefois par les troupes de la Ligue, restaurée en partie au xviie siècle, par les Bénédictins qui la desservaient, il restait encore de cet édifice, quelques parties intéressantes, telles que l'abside — le portail d'entrée et le clocher massif rappelant les anciennes défenses. — Sans prendre parti pour les uns et les autres et quoique l'église n'ait pas été classée comme monument historique, il semble qu'avec un peu de bonne volonté, aussi bien du côté du curé et du conseil de fabrique, que de l'administration préfectorale, on eût pu sauver de la destruction, cette unique relique du passé de la ville. — C'est dans ce clocher fameux que se réfugièrent quelques *Ligueurs* refusant de se rendre et desquels les troupes royales ne purent avoir raison que par l'incendie.

Sur *Châtou*, il ne reste guère d'indications intéressantes, sinon que les Rois de France y avaient déjà un palais, au vi° siècle.

Le Pecq, ainsi que nous l'avons fait connaître, s'appelait primitivement *Aupec*. Au viii° siècle, ses vignobles produisaient annuellement 350 muids de bon vin. Il faut croire que, plus tard, Henri IV, fin dégustateur, ne put manquer d'en visiter les caves, puisqu'en 1596, par reconnaissance, il affranchit les habitants du Pecq, de toutes *tailles, impositions* et *subsides*. Il est vrai que ceux-ci lui avaient fait abandon de quelques arpents de terre, destinés à arrondir les jardins du Pavillon qui s'élevait à Saint-Germain, pour Gabrielle.

Le *Vésinet* est cité sous le nom de *Visiniolum*, dans les diplômes du ix° siècle. Le Bois du Vésinet a, pendant longtemps, porté le nom de *Bois de la Trahison* ; une tradition voulait que Roland y ait été assassiné par Ganelon. Il y a, à la Bibliothèque nationale, une carte de l'année 1650, dressée par Thomas Auvray, sieur de Garel, sur laquelle, le Bois du Vésinet est appelé : *Bois de la Trahison.*

La Malmaison tire son nom de *Mala domus*, ou mauvaise maison. Ce n'était, en 1244, qu'une grange surmontée d'un donjon, dans lequel s'était installé un Normand, descendant probable de l'une de ces hordes qui désolèrent les bords de la Seine. Cet homme rançonnait les passants. Son manoir fut détruit et le territoire sur lequel il s'élevait et qui dépendait de la paroisse de *Rueil*, échut au xiv° siècle, à l'Abbaye de Saint-Denis. En 1622, les Abbés cédèrent ce bien à Christophe Perrot, Conseiller au Parlement, qui y construisit sa demeure. En 1792, La Malmaison fut vendue comme *Bien National* et acquise par M. Lecouteux de Canteleux. La propriété passa ensuite à Joséphine Tascher de la Pagerie, qui devint Impératrice, et lui donna le cachet qu'elle a conservé. Après son divorce Joséphine resta à La Malmaison. L'Empereur de Russie, en 1814, alla lui porter ses hommages et c'est en se promenant le soir, dans les jardins, avec le Tsar, qu'elle prit froid et contracta la maladie qui l'emporta. Un an plus tard, en 1815, après Waterloo, Napoléon voulut y aller pour un instant, cacher son désespoir. Il y a quelques années, La Malmaison fut menacée de démolition et son beau parc allait être morcelé, lorsque M. Osiris, l'un de nos plus riches philanthropes, en fit l'acquisition. Après y avoir exécuté d'importantes réparations, il se plut à réunir dans cette habitation, des objets mobiliers rappelant le souvenir de Joséphine et de Napoléon et fit don du tout à l'Etat. Ce sera bientôt un musée ouvert au public.

On a donné à *Carrières* (1), le nom de Saint-Denis, parce que ce village fut autrefois cédé par les rois de France à l'Abbaye célèbre. Il doit son origine aux carrières de pierres de taille qui s'y trouvent et qui étaient déjà exploitées à l'époque galloromaine. Au xii⁰ siècle, il était assez considérable pour fournir au *guet* du château de Saint-Germain ; comme tant d'autres, ses habitants en furent exemptés en 1381, de même qu'ils furent déchargés du droit de *prise*, pour le service de la Cour. En 1404, les Abbés de Saint-Denis avaient à Carrières, un château-fort dont les ruines se voyaient encore au milieu du xviii⁰ siècle. On croit que ce fut en cet endroit que Philippe-le-Bel signa son édit contre les Templiers.

C'est à Carrières que s'était réfugié en 1780, le poète Gilbert et, c'est là, qu'un jour, pris de souffrances intolérables et se jugeant empoisonné, il avala par mégarde au cours d'une crise, la clef de son appartement. Son assertion fit croire à un accès de folie et on le conduisit à L'Hôtel-Dieu. L'accident de la clef, laissa les chirurgiens incrédules et l'infortuné Gilbert mourut au bout de peu de jours, n'ayant reçu d'autres soins que des douches d'eau froide et d'autres consolations que les sacrements de l'Eglise. En procédant à l'autopsie de son

(1) Depuis que fut faite cette Conférence, c'est-à-dire depuis le 1er janvier 1906, le coquet petit village de Carrières-Saint-Denis, a pris officiellement le nom de *Carrières-sur-Seine.*

Village et caserne de Courbevoie, à l'époque de Louis XV. — Vue prise de la propriété de M. de Sainte-Foix, dont nous parlerons plus tard, et qui se trouvait sur Neuilly, à l'angle gauche du pont en partant d'ici. — On voit l'ancienne chapelle avec son clocher bas et carré, puis le pavillon Henri-IV et le couvent des Pénitents de la rue de la Montagne. (Page 63).

(*Topographie de la France,* tome V, 198. — Département des Estampes. Bibliothèque Nationale).

cadavre, on retrouva la clef, accrochée par le panneton, dans
l'œsophage. (On peut voir dans l'annexe du nouvel Hôtel-
Dieu, une plaque de marbre noir, dédiée à la mémoire de
Gilbert, sur laquelle se lit l'inscription suivante :

> Au banquet de la vie, infortuné convive,
> J'apparus un jour, et je meurs,
> Je meurs, et sur la tombe où lentement j'arrive,
> Nul ne viendra verser des pleurs.

Et, au-dessous, cette mention :

Ode de Gilbert, composé à l'Hôtel-Dieu, huit jours avant
sa mort, ann. 1780, âgé de 24 ans.

C'est là, une erreur. Gilbert avait publié cet ode, avant
d'entrer à l'hôpital où il eût du reste été incapable d'écrire
quoique ce fût, en présence des convulsions dans lesquelles
il se tordait.

Houilles. — Dans un acte antérieur à l'époque de Saint-Louis,
le nom de ce village est écrit en langue vulgaire, *Holles.* Une
cure était là érigée, dès le xiiie siècle. En 1381, les habitants
de Houilles, furent de ceux qui plaidèrent à l'effet d'être
déchargés du *guet.*

Le plus ancien seigneur connu, de Houilles, Pierre d'Au-
noy, obtint de Charles VI, en 1404, l'exemption du droit de
prises, à la condition de conduire à Paris, chaque année,
quatre charretées de *feurre* ou de *fourrage.* (En vertu de ce
droit de *prise* et de fournitures pour le service de la Cour, les
chevauchées et *preneurs royaux*, enlevaient des maisons, les
meubles et les denrées qui s'y trouvaient, sans avoir à en
payer la valeur.)

La terre de Houilles passa ensuite dans la famille des Boucher, dont plusieurs des membres furent Conseillers au Parlement. Cette plaine de Houilles s'était acquis une grande

réputation, par les chasses qu'y donnèrent Henri III, Henri IV,
Louis XIII et Louis XIV. Avant la Révolution, une croix se
voyait encore entre Houilles et Carrières ; elle s'appelait *La
Croix des dîne-chiens*, parce qu'Henri IV faisait, disait-on,
manger ses chiens en cet endroit.

Montesson a tiré son nom de l'élévation sur laquelle il est
situé et qui s'appelait anciennement *Mons Taxonis*. Une cure
y était établie en 1366, mais, cent ans plus tard, il n'existait
plus dans ce lieu, que *4 habitants*. On ne sait de quelle paroisse
fut alors détaché le territoire qui formait celle-ci ; il est probable qu'il dépendait de Houilles. On ne connaît pas davantage les noms des seigneurs de Montesson, antérieurs à celui
de la nourrice de Louis XIV, dont l'une des descendantes
devint plus tard, propriétaire du château de Neuilly.

Il y avait à Montesson, près des rives de la Seine, une Seigneurie dite de *Laborde*. Le propriétaire obtint de Henri III,
en 1582, que cette terre s'appelât *Vailly-La-Borde*, avec défense
de la nommer autrement, sous peine d'amende ; cette ordonnance resta vaine, car seul le nom de *La Borde*, se perpétua.

Poissy. — (Pisciacum). — Village de pêcheurs.

Dès 868, Poissy devait déjà être considérable, puisque
Charles-le-Chauve y tint une Assemblée Nationale des grands
et des prélats du royaume. On sait qu'à la fin du x⁰ siècle, les
rois de France avaient un château à Poissy ; Robert, fils de
Hugues Capet, qui monta sur le trône en 997, y séjournait
fréquemment.

Dès lors, Poissy ne figure plus dans l'histoire, qu'au xiii⁰
siècle, où l'on voit un Robert de Poissy, prendre la croix
pour aller exterminer les Albigeois. — Quelque temps auparavant, saint Louis y avait été baptisé. Une légende veut même
qu'il y soit né, mais il est probable que ce fut au contraire à
Pontoise, qu'il vint au monde, ainsi que nous le verrons tout
à l'heure. — Il est toutefois certain que saint Louis conserva

une prédilection pour Poissy, puisqu'il signait *Louis de Poissy*
ou *Seigneur de Poissy*. — L'église, très belle d'architecture,
fut commencée vers 1305, par Philippe le Bel et achevée en
1330, par Philippe de Valois. La même tradition que celle
concernant le lieu de naissance de saint Louis et qui n'est
appuyée sur aucun document historique, veut que cette église
ait été élevée sur l'emplacement du château et le maître-autel
à l'endroit même où était placé le lit de la reine Blanche,
lorsqu'elle accoucha ; c'est pour cette raison, dit-on, que
l'église n'est pas orientée selon l'usage. Il est regrettable
qu'en ces dernières années, sous prétexte de restauration,
l'intérieur de la nef de cette église, ait dû subir un si odieux
grattage.

Au milieu du XIV° siècle, Poissy pris par les Anglais,
échappa comme par miracle, aux flammes qui dévorèrent
Saint-Germain, Rueil, Nanterre, etc. — En 1561, des conférences célèbres, connues sous le nom de Colloques de Poissy,
y furent tenues dans le chœur de l'abbaye, en présence de
Charles IX, par les docteurs catholiques et protestants.

D'intéressants vestiges de l'ancien monastère autrefois atte-
nant à l'église, sont debout encore et font partie de l'habitation de M. Charles Meissonier, fils du célèbre peintre de
l'Ecole de 1830, duquel Poissy tint à conserver le souvenir
par le beau bronze de Frémiet qui se dresse en face des tou-
relles.

Maisons. — En 1373, la seigneurerie de Maisons-sur-Seine
appartenait à un chevalier de la famille des Aunay, seigneurs
de Poissy. — Le hameau de *Maisons* dépendait alors de Sartrouville. Il ne commença à prendre de l'importance que
lorsque le surintendant des finances, René de Longueil, y eut
fait bâtir un château par François Mansart. — Louis XIV y
vint avec la Cour, le 10 juillet 1671, fuyant Versailles, pour
ne pas assister à l'agonie du jeune duc d'Anjou, cet enfant
qu'il n'aimait que parce qu'il était très beau. — Le château
fut possédé plus tard, par le Président des Maisons. — Du-

laure dit que Voltaire s'y plaisait fort ; c'est là qu'il prit la variole dont il resta défiguré. — Le jour où, convalescent, il voulut rentrer à Paris, le feu éclata dans sa chambre et embrasa l'une des ailes du château. — Le comte d'Artois, frère de Louis XVI, en devint ensuite propriéta ire ; le roi et la reine Marie-Antoinette y avaient chacun leur appartement, avant la vente qui en fut faite, à la révolution, comme *Bien National*. — Le 26 vendémiaire, an XIII, le maréchal Lannes acheta la propriété. — Plus tard, ce fut le tour de M. Laffitte ; l'arrivée de ce maître nouveau, donna naissance à l'appellation actuelle de Maisons-Laffitte. — La grille d'entrée du château de Maisons, chef-d'œuvre de serrurerie du xviie siècle, se trouve aujourd'hui, au Musée du Louvre, à l'entrée de la Galerie d'Apollon.

Et, coïncidence heureuse, il se trouve que cette belle résidence, dont le parc a été presque entièrement morcelé par la dernière personne entre les mains de laquelle elle était tombée, il y a une vingtaine d'années, va devenir une succursale du Musée du Louvre. Au moment où, en ces derniers mois, le château de Maisons, mis en vente, allait subir le sort dont précédemment fut menacée La Malmaison si M. Osiris ne s'était trouvé là fort à-propos, M. Henri Marcel, directeur des Beaux-Arts, parvint, à la grande joie des érudits, à le sauver de la destruction, en le faisant acquérir par l'Etat.

Car, en dehors de ce château, peu de monuments nous restent qui aient été construits par François Mansart. — Il n'y a plus guère de lui, à Paris, que l'ancien Hôtel de la Vrillière, en partie reconstruit, où est logée la Banque de France ; la Normandie seule, nous offrait, en même temps que Maisons, un fort beau spécimen du travail de cet architecte, qui fut l'oncle et le précurseur du créateur de Versailles. — A mi-route, entre Bayeux et Creully, dans le département du Calvados, se voit un ancien manoir aujourd'hui transformé en ferme : *La ferme de Brécy*, dans laquelle on pénètre par un somptueux portail, planté comme un décor de féerie, sur les bords d'une mare aux eaux fraîches et limpides et entourées d'un sombre bouquet de hauts marronniers. Au delà du corps de logis principal aux lignes très pures, sont des jardins plantés en terrasses superposées, soutenues de chaque côté de l'allée centrale ornée d'ifs, de consoles et de vases, par des rampes de balustres en pierre ajourée et enveloppées de feuilles d'acanthe. — Cet ensemble est d'une magnificence extraordinaire et le charme qui s'en dégage s'accroît encore du jeu des liserons et des mille-feuilles se mêlant aux buis, aux lierres, aux floraisons éclatantes des coquelicots et des bluets, disséminés ou inclinés dans les hautes herbes poussant partout en pleine liberté. — Dans l'été de 1902, me trouvant en Normandie, j'eus le bonheur de signaler ces beaux restes auxquels personne ne songeait ; aucun guide n'ayant jusqu'alors, *même publié le nom de Brécy ;* par une notice et des croquis ayant trait à ma découverte, je pris part au *concours d'archéologie* organisé cette année-là, par l'*Eclair*, et ce travail me valut une haute récompense. — L'année suivante, en octobre 1903, la Commission des *monuments historiques*, sur ma demande, *classait Brécy*, à l'unanimité des voix.

Voici maintenant *Bezons*, dont le nom original, *Vezons*, se perd dans la nuit des temps, puisqu'on a retrouvé là, des monnaies de l'époque des rois de la première race, portant en exergue : « *Vezonno Vico.* »

En 1470, il n'y avait encore à Bezons, que douze maisons. Un siècle plus tard, ses habitants obtinrent, ainsi que ceux de Houilles, de Carrières-Saint-Denis et de Montesson, l'exemption des droits *de prise*, moyennant les quatre charretées annuelles de feurre ou de paille, conduites à Paris. Les seigneurs les plus anciens de Bezons, sont les Chanterel ; à ceux-ci succéda la famille de Bazin

Dans le pays, se voient quelques vestiges de l'ancien château construit par le maréchal de Bezons. — Joanne, dans son *guide* de 1856, nous dit qu'il y avait un pont de bois à Bezons, dès la fin du xviii° siècle. Ce pont fût incendié, lors de l'invasion de 1815 et remplacé par celui qui s'y trouve actuellement.

La Foire de Bezons s'ouvrait tous les ans, le dimanche après la fête de Saint-Fiacre. Ce fut, à l'origine, selon l'abbé Lebœuf, une fête religieuse, fondée en 1507, en l'honneur de Saint-Fiacre, le second des patrons de l'Eglise encore debout. Cette fête, devenue peu à peu commerçante, par suite de l'affluence des pélerins qui se rendaient à Argenteuil, se transforma par la suite, en bacchanale. Des cavalcades de masques y arrivaient de Paris, pour danser et s'y faire remarquer ; la gaieté y était très vive. La réputation de cette fête se perpétua jusque vers 1825. Ce n'est plus aujourd'hui que la banale fête annuelle de banlieue.

Vers la fin du xvii° siècle, une comédie intitulée *La Foire de Bezons,* fut représentée à Paris et rendit célèbre, la joyeuse réunion périodique.

(Le Bulletin de la *Société historique et archéologique*, des VIII° et XVII° arrondissements de Paris, a, dans son numéro de décembre 1905, publié sous la signature de mon aimable confrère, M. Léon Greder, une intéressante étude sur cette pièce en un acte, de Dancourt, qui fut représentée pour la première fois, le 14 août 1695, au Théâtre-Français). — C'était là, une parodie de comédie italienne, dont les personnages revêtaient les costumes bariolés de la troupe de Scaramouche. — La scène se passait dans la prairie de Bezons, sous les grands arbres bordant le fleuve et, le sujet servait de prétexte à des danses, à des chants et à des déguisements. C'était en somme, une sorte de bal de campagne, où tous les masques pouvaient entrer et se livrer aux ébats les plus suggestifs. Pour y arriver, on traversait la Seine sur un bac pouvant porter jusqu'à 300 personnes ; le bac chavirait, les passagers étaient jetés à l'eau et, en étaient retirés, au milieu des rires et des quolibets. La pièce se terminait par la *Chanson de*

Bezons qui fut pendant longtemps en vogue et, contenait des couplets dans le goût de ceux-ci :

> Filles qui venez à Bezons,
> Gardez-vous du naufrage ;
> Troussez bien haut vos cotillons,
> Filles qui venez à Bezons,
> Il faut, quand le bac coule à fond ,
> Se sauver à la nage,
> Filles qui venez à Bezons,
> Gardez-vous du naufrage.

> Filles qui cherchez des maris,
> Ici, l'on en achète.
> Ils sont aussi bons qu'à Paris.
> Filles qui cherchez des maris
> Souffrant chez eux les favoris
> D'une femme coquette,
> Filles qui cherchez des maris,
> Ici l'on en achète.

L'Arlequin Gherardi eût ensuite l'idée d'écrire une autre pièce en un acte : *Le Retour de la Foire de Bezons*, qui fut beaucoup plus applaudie que la première. C'était toujours Arlequin et Colombine, mais ici les personnages étaient dessinés à l'image des fonctionnaires ou des gens connus du pays et des alentours. — Colombine y était l'une des filles du Bailli de Bezons et faisait signer par ce dernier, chez le Commissaire, sous la forme déguisée d'une requête des habitants demandant un dégrèvement d'impôts, le contrat de mariage de sa sœur Angélique, avec un amoureux dont le Bailli ne voulait pas entendre parler. (Cette joyeuseté donna lieu à une plainte du commissaire Lefrançois qui, outré de voir ses fonctions ridiculisées par Arlequin, en déféra au lieutenant de police La Reynie, demandant que la *scène du contrat* soit supprimée de la pièce. — Archives nationales, Y, 14.502).

Des marchands offraient aux jolies parisiennes haut coiffées et aux chevaliers à perruques, attendant le retour du bac, des fleurs et des friandises et, sous le manteau, accompagnés de boniments de circonstance, des éventails et des tabatières à sujets grivois. — Le tout était entremêlé de duos, de danses échevelées, de baisers et de chutes divertissantes.

L'Opéra-Comique donna également en 1735, un Ballet de Panard et Favart, intitulé : *La Foire de Bezons*. A la Bibliothèque Nationale et au Musée Carnavalet, se voient des gravures et des dessins, donnant des scènes épisodiques de la Foire de Bezons, avec une vue perspective du village, au moment des réjouissances. — Car les Parisiens, ainsi qu'ils le font aujourd'hui, les jours de Grand-Prix, avaient contracté l'habitude d'aller à l'Etoile, pour voir le retour de la Foire de Bezons. Ce défilé, en 1720, faillit tourner au tragique, lorsque Mlle Law, venant à passer dans un carrosse à sept glaces, sa voiture fut criblée de pierres et de terre ; la fille du financier « *qui ne payait pas les billets de 10 livres* » fut blessée et ne dut son salut qu'à la vitesse de ses chevaux.

Sartrouville ou *Sertrouville*.

Lorsque nos Rois, dit l'Abbé Lebeuf, eurent accordé aux Eglises de l'Abbaye de Saint-Denis et d'Argenteuil, certains terrains incultes du voisinage, entr'autres la forêt dite *Carmoletus*, qui se trouvait sur les côteaux entre Epinay et Cormeilles, l'expérience démontra que le sol de ces territoires exposés au midi, produirait de bon vin ; un premier village se forma à leurs pieds, ce fut *Sartrouville*, dont le nom, d'après l'ancienne origine, signifierait *village des vignerons*. Ce qui est certain, c'est que, vers cette époque, le monastère d'Argenteuil était en partie Seigneur de Sartrouville.

Ce prieuré d'*Argenteuil*, fondé sous Clotaire III, en 665, par des religieuses, avait été placé au début, sous la surveillance de l'Abbaye de Saint-Denis ; il arrivait fréquemment alors, que les grands monastères d'hommes avaient des couvents de femmes, dans leur dépendance. — Mais Charlemagne à un moment, en fit don à l'une de ses filles Théodrate, qui y amena un ordre de Bénédictines très-protégées par les Princes. — Les incursions des Normands et des Danois,

Vue des Jardins du Moulin-Joli. (Page 98).

(Bibliothèque Nationale).

Neuilly. — L'ancien château de Madrid. (Page 106).

(Panneau de MM. Tutin et Lebas, d'après un dessin du Musée Carnavalet).

depuis longtemps avaient détruit la paix de ce monastère et y avaient semé des germes de désordres qui, augmentant d'année en année, devinrent bientôt si scandaleux, que les Religieuses durent être chassées. Cette sentence d'expulsion fut rendue, en présence du Légat du Pape, au Concile de 1129, tenu dans l'Abbaye de Saint Germain-des-Prés. — *La prieure* d'Argenteuil était alors cette fameuse *Héloïse*, qui se retira avec sept ou huit de ses compagnes, au *Paraclet*, dans une maison que lui céda *son cher Abailard*, aussi célèbre par ses amours et ses malheurs, que par sa querelle avec Saint-Bernard, son ennemi, — Le Paraclet devint par la suite une brillante Abbaye et c'est dans l'église de ce lieu, que furent déposées les cendres d'Héloïse, confondues avec celles d'Abailard. — (Leur mausolée commun se trouve aujourd'hui au cimetière du Père-Lachaise.)

Argenteuil retomba sous la tutelle de l'Abbaye de Saint-Denis, qui y plaça des Bénédictins. — Il était évident que les moines de Saint-Denis qui, sous le couvert de leur piété, avaient poussé à cette solution, aspiraient beaucoup moins, à la conversion des Religieuses d'Argenteuil, qu'à la possession de leurs biens qui étaient énormes, en raison des relations qu'elles avaient entretenues de tout temps avec des seigneurs riches et avides de plaisirs. — Argenteuil était célèbre encore par une particularité intéressant au plus haut point le monde chrétien. Le monastère possédait une relique que les moines assuraient être *la robe sans couture du Christ.* « Charlemagne, disaient-ils, qui l'avait reçue de l'Impératrice Irène, la donna à sa fille Théodrate. » — Lors des incursions des Normands, la relique disparut ! — Depuis plus de deux cents ans, elle était oubliée, lorsque pendant une nuit de l'année 1156, le lieu où elle se trouvait enfouie, fut révélé à un Bénédictin en prières ! — Celui-ci, qui s'était rendu compte de l'influence que pourrait avoir sur les masses, la vue d'un tel habit, fit démolir la muraille qui lui avait soi-disant été désignée au cours de sa vision et annonça l'avoir retrouvé. Malgré les doutes qui s'élevèrent de toutes parts, la relique resta pour les moines une source de revenus considérables. De la France entière, on accourait à Argenteuil, pour se prosterner devant la robe-sainte. — A leur tour, Henri III, Marie de Médécis, Anne d'Autriche, Louis XIII et Richelieu, firent ce pélerinage. — Quoique ce bourg ait eu beaucoup à souffrir des guerres entre les Armagnacs et les Bourguignons, que le Parti d'Orléans ait pillé la châsse et foulé aux pieds les reliques, que les Huguenots vingt ans après, aient brûlé l'église du Prieuré en détruisant les murailles et les forts dont François Ier avait permis aux habitants de l'entourer ; malgré la concurrence qui s'établit plus tard par la présence à Aix-la-Chapelle d'une seconde relique de même nature, de même que par les controverses auxquelles cette rivalité donna lieu, le village d'Argenteuil est de nos jours encore le rendez-vous des habitants des pays voisins qui, le Jeudi de l'Ascension et pendant les fêtes de la Pentecôte, ne manquent jamais d'aller visiter *la robe sans couture.*

En dehors du *Château du Marais*, qui se trouvait non loin de là et fut possédé par le Comte de Mirabeau, il y avait, entre Argenteuil et Colombes, mi partie sur le bord de la Seine et mi-partie sur trois îles formées par le fleuve, l'une des plus belles propriétés des environs de Paris qui s'appelait *le Moulin-Joli.* — (Elle est indiquée sur la carte de l'Abbé de la Grive faite en 1740.)

Au xviie siècle déjà, le peintre Watelet l'avait embellie ; une femme aimable dont le nom n'est pas connu, en faisait alors gracieusement les honneurs. C'était dans la belle saison, le rendez-vous des artistes, des littérateurs et des étrangers de distinction. — Le Moulin-Joli fut vendu comme *Bien national* après la Révolution. — En 1820, quelques-unes de ses constructions étaient debout encore ; aujourd'hui, tout a disparu ; seuls les champs qui ont pris la place du parc, s'appellent: *Vallée du Moulin-Joli.* — C'est du Moulin-Joli que fut amené à Colombes, en 1790, l'orme gigantesque qui, un an plus tard, le 12 Juin 1791, y fut planté comme *Arbre de la Liberté.*

Nous avons déjà beaucoup parlé de *Colombes*, sans avoir

dit que son Eglise, qui paraît être du xɪɪ° siècle, est l'une de celles où s'était établi l'usage de faire chaque année, le premier jour de mai, une procession dans les vignes et d'y porter le Saint-Sacrement, pour les préserver des vers. — Les exorcismes, plus tard, parurent plus convenables. — En 1667, le Roi accorda à Colombes, l'établissement d'un marché par semaine et de deux foires par an.

Henriette de France, troisième fille de Henri IV et Douairière d'Angleterre, avait fait du château de Colombes sa demeure ordinaire. Elle y mourut le 10 septembre 1669. De là le nom qui subsiste pour l'une des rues de la Ville. — Le château fut rasé en 1793. — C'est à l'intersection de cette rue de la Reine-Henriette et des Rues *Royale, Thomas d'Orléans* et *de la Nation,* que se trouve, entourée d'un mur, cette chapelle qui abritait depuis 1793, les tombes des familles d'Etchegoyen et Goyénèche, qui furent violées au cours de cette année 1905, et mises au pillage.

« — *Asinarioe a gregibus asinorum dictoe.* » — telle est l'étymologie que donne *d'Asnières,* un savant. — Il faut donc croire que le territoire *d'Asnières* nourrissait autrefois beaucoup d'ânes. — Le plus ancien titre qui fasse mention de ce village, est une bulle de l'an 1158 ; *Asnières* y est mentionné sous le titre de *Cure,* ce qui reporte nécessairement son origine beaucoup plus haut.

Nous avons dit que les abbés de Saint-Denis étaient seigneurs d'Asnières ; pour assurer la conservation de leurs droits, un de leurs officiers allait chaque année, y tenir des *assises* sur le bord de l'eau. L'abbé faisait faire l'appel de tous les justiciables et se prononçait sur les *causes* qui étaient en état d'être jugées ; puis, le fermier du bac était obligé de donner à dîner, dans une maison voisine, aux Bénédictins et aux officiers de justice qui se trouvaient là.

Levallois-Perret, cité nouvelle, n'a pas d'histoire. Là où, il y a soixante ans, ne se trouvait qu'une plaine désolée, entre coupée de champs cultivés autour de rares fermes formant hameaux et où, seuls de place en place, quelques vieux arbres semblaient être des vestiges de l'ancienne forêt de Rouvray, sont tracées aujourd'hui des voies tirées au cordeau, donnant l'impression des artères américaines.

Courcelles, — *Les Gallipeaux,* — *La vigne aux Prêtres* où avait pu exister autrefois une abbaye de moines — vignerons, — tels étaient les noms de ces hameaux qui, vers 1842, ne comptaient guère qu'une centaine d'habitants dans leur ensemble.

Ce fut un notaire de Clichy, M° Noël, propriétaire de vastes étendues incultes de ces parages, qui eut l'idée première de faire naître là, un village. Dans ce but, il fit appel à un ouvrier menuisier de sa clientèle, M. Levallois, tenancier d'un débit de vins, rue de la Bienfaisance, à Paris. A celui-ci, devenu bientôt son zélé collaborateur, vinrent s'adjoindre MM. Paillard Zablot et Gravel. Une tombola fut organisée, dont les principaux lots consistaient en parcelles de terrains, sur lesquels, d'après les actes de concession, devaient s'élever des constructions. Le succès répondit à cette tentative et, déjà en 1846, d'après les notes de M. Emile Bordet, une centaine de maisonnettes se dressaient dans la plaine. — Une guinguette y devint, le Dimanche, un lieu de rendez-vous pour les Parisiens en quête de villégiature.

Plus tard, le village de *Champerret,* une partie du *hameau de Villiers* et du parc de *Gouvion Saint-Cyr* où se trouve maintenant la « Villa Chaptal, » *La Prelle,* — *Mayeux,* — les hameaux *des Plantes* et *des Quénans,* séparés des Batignolles par l'établissement des murs d'enceinte, désirèrent se poindre au groupement déjà formé et la commune de *Levallois-Perret* fut constituée par décret impérial du 30 juin 1866. Le nom de *Levallois-Perret* n'est qu'une abréviation de celui de *Levallois-Champerret* donné au début à ce petit pays qui faillit même s'appeler *Courcelles.*

Aujourd'hui *Levallois* compte près de soixante mille habitants et son industrie est très prospère. — De nombreux bienfaiteurs méritent d'y avoir leurs noms gravés sur le marbre; parmi ceux-là, sont MM. Rivay, Dumont et Marjolin. Ce dernier, membre de l'Académie de Médecine, se dévoua plus particulièrement aux enfants pauvres de la commune, qu'aidé de sa femme, il soigna et secourut pendant de longues années. — C'est en souvenir de la compagne aimée de ce généreux philanthrope, que Madame la baronne Delort de Gléon fonda à Paris, cette *Layette Marjolin*, devenue si prospère grâce à son abnégation personnelle, et qui pourvoit. sous toutes formes, aux besoins des innombrables pupilles de la *Société protectrice de l'Enfance*, dont elle est la plus zélée Dame Patronesse.

Gennevilliers, dont le nom pourrait bien être une contraction de celui de Geneviève, puisque la paroisse d'Asnières dont Gennevilliers n'est qu'un démembrement, fut placée à l'origine, sous l'évocation de Sainte Geneviève.

Aucune église ne posséda autant de reliques que celle de Gennevilliers au xiv° siècle; mais ce village fut si souvent mis au pillage, pendant les guerres qui suivirent, que l'on ne saurait s'étonner de leur disparition. — Une inondation de la Seine, le détruisit complètement en 1740; maisons, habitants, bestiaux, tout fut emporté et le gouvernement dut venir en aide aux personnes qui avaient survécu.

Dans la seconde moitié du xviii° siècle, Gennevilliers eut une période très brillante; son territoire boisé et giboyeux y avait attiré un grand nombre de personnages de la Cour, qui s'étaient fait contruire des pavillons et même des châteaux. M. de Staal, capitaine au régiment des Garde-Suisses, dont la femme, Mademoiselle Delaunay, lectrice de la Duchesse du Maine, laissa des mémoires si exquis, y habita. Le maréchal de Richelieu y fit également élever en 1752, une fort belle maison de campagne que la mort l'empêcha de voir achevée, et dont quelques parties subsistent encore. Ce château fut terminé par son fils, le duc de Fronsac, qui obtint de Louis XV, l'autorisation de donner là, en l'honneur de Marie Leczinska, la 1re *représentation* du *Mariage de Figaro*, de Beaumarchais, — qu'on avait interdit à Paris. — Fronsac, en galant chevalier, voulut offrir à la Reine, une fête dans un édifice où aucune femme n'aurait pénétré avant elle. La représentation eut lieu, avec grand succès, le 26 septembre 1783, en présence du Comte d'Artois et de nombreux invités; Marie Leczinska, souffrante, n'avait pu s'y rendre.

Quant à Saint-Denis, son histoire est trop connue et nous en avons suffisamment parlé déjà, pour que je veuille vous la rappeler encore. — Sa basilique, enrichie par Dagobert, servit du viie siècle jusque vers la fin du xviiie, à recevoir la dépouille des rois et des reines de France et des princes de l'Eglise. C'est dire assez ce que dût être la splendeur de cette abbaye. — La profanation de 1793, l'exhumation des squelettes jetés dans une fosse commune sur laquelle l'herbe des champs remplaça les pompeux mausolées, ne prouva qu'un acte inutile, entaché de ridicule. Les morts doivent reposer en paix et l'histoire ne saurait s'effacer ! La cendre des rois n'est point différente de celle du pâtre !

Lorsque le 12 octobre, les ouvriers, après avoir eu la curiosité de contempler les restes du maréchal de Turenne, coururent au caveau des Bourbons, le premier cercueil ouvert fut celui d'Henri IV ; le corps apparut dans un état de conservation tel, que les traits du Béarnais ne semblaient nullement altérés ; un soldat, à ce moment, se précipita sur le cadavre et, de son sabre, coupant une mèche de barbe, l'assujettit sur sa lèvre et, s'écria : — *Moi aussi, je suis soldat français, — désormais je n'aurai pas d'autre moustaches et je suis sûr de vaincre les ennemis de la France. — Je cours à la victoire !* — Et il disparut. — Il est heureux que le nom de ce fou ne soit point passé à la postérité.

Il y a quelques mois, une polémique s'éleva entre différents journaux, au sujet du cœur de Louis XIV qui, au moment où les tombes de Saint-Denis furent profanées, aurait été enlevé et emporté par un chanoine de la basilique, puis, remis plus tard au colonel d'Harcourt. — La famille de ce dernier qui montrait avec orgueil cette relique à ses visiteurs, l'exhiba un jour au Dʳ Buckland, doyen de Westminster qui, hâtivement, s'empara du viscère et l'avala ! — Mourant peu après, sa dépouille fut inhumée dans l'abbaye de Westminster. Les conséquences de ce geste bizarre, seraient que, s'il n'a pas été digéré, le cœur de Louis XIV se trouve à Westminster ! — Il est difficile d'ajouter foi à un si macabre fait-divers, quoiqu'il ait été lancé par M. Labouchère, ancien membre du Parlement anglais, dans son journal bien connu, le *Truth*. — Il est peu probable qu'un chanoine de Saint-Denis ait pu se trouver présent à la violation des tombeaux, dans le moment d'effervescence où le fait s'est consommé. — En second lieu, aucune preuve n'existe du dépôt du cœur de Louis XIV à Saint-Denis, puisque le roi lui-même, au moment de sa fin, recommanda au Père Tellier, en présence du chancelier Pontchartrain, de porter *son cœur* dans la Maison Professe des Jésuites, aujourd'hui église Saint-Louis-Saint-Paul, rue Saint-Antoine.

Au viiiᵉ siècle, une foire fut instituée à Saint-Denis: (je crois qu'elle s'y tient encore tous les ans). — *La Foire du Lendit.* — Du xiiiᵉ au xviᵉ siècle, cette foire acquit une très grande popularité; de toutes les villes de France, y arrivaient des marchandises et, en dehors du clergé de Paris qui y apportait les *reliques* et y donnait des bénédictions, le recteur de l'Université s'y transportait en grande pompe, suivi des régents et des écoliers, à cheval, pour y choisir le parchemin nécessaire aux besoins de l'Université pendant l'année courante. Inutile de vous dire que de fortes ripailles étaient au programme du voyage et que, les têtes une fois échauffées, celui-ci se terminait rarement sans effusion de sang, — c'est pour commémorer cette fondation, que de très belles fresques exécutées par le peintre J.-J. Weerts, furent inaugurées au mois de novembre dernier, par M. le ministre de l'Instruction publique et des Beaux Arts, dans la cour de la Nouvelle Sorbonne.

La plus ancienne de toutes les localités environnant Courbevoie, est certainement *Pontoise*, indiqué dans l'itinéraire
d'Antonin sous le nom de *Briva-Isarae* — *Briva* ou *Brivas*, en
celtique, signifie un pont ou un passage sur une rivière et
Isarae est le nom latin de la rivière d'Oise. — Les restes de la
voie romaine et d'un ancien pont, plaident en faveur de cette
assertion. — Mais Pontoise ne paraît sur la scène historique,
qu'au ixᵉ siècle, au moment des incursions des Normands.
Une forteresse en bois y fut construite pour leur résister,
mais elle fut pillée et incendiée selon la coutume qu'ils
avaient prise de tout détruire sur leur passage.

Blanche de Castille se plaisait à Pontoise et c'est là qu'elle eut
un jour cet accès de jalousie contre une dame de son entou-
rage qui, la sachant souffrante, s'était permis d'allaiter Saint-
Louis. Mettant le doigt dans la bouche de l'enfant, elle lui
fit rejeter le lait qu'il avait pris. — Cette jalousie à l'égard de
son fils se transforma par la suite en une tyrannie si révol-
tante, qu'elle interdit à Saint-Louis de voir sa femme pendant le jour ; il ne pouvait parler à celle-ci que par le vide
d'un escalier tournant, séparant son appartement de celui de
Marguerite de Provence.

Ce fut Blanche de Castille qui fonda en 1236, cette *abbaye*
de *Maubuisson* où, ainsi que je l'ai dit dans ma première conférence, fut inhumée Gabrielle d'Estrées. — Les chroniques
rapportent, sans qu'aucun contrôle ait pu, du reste, s'exercer
à cet égard, qu'en 1314, sous le règne de Louis le Hutin, trois
princesses, Marguerite de Bourgogne et ses deux sœurs
Jeanne et Blanche, se conduisirent si scandaleusement à
Maubuisson où elles s'étaient retirées pour faire une retraite,
qu'on dût les enfermer, la première et la troisième, au château Gaillard et, Jeanne, au château de Dourdan. — Soit que
Marguerite de Bourgogne fût la plus coupable ou que le roi,
son époux, se crût plus outragé, elle subit des trois, le plus
rude châtiment ; en 1315, cette reine qui n'avait que 25 ans,
aurait été étranglée au moyen d'une serviette. Deux gentils-
hommes, les frères Philippe et Gauthier d'Aulnay, convain-

Bagatelle sous Louis XV. (Page 108).

(D'après un dessin du Musée Carnavalet).

Neuilly. — Vue intérieure des jardins de La Folie Saint-James.
(Page 111).

cus d'avoir été leurs complices, furent écorchés vifs, puis
traînés dans la prairie de Maubuisson, fraîchement fauchée,
après avoir subi, au préalable, la mutilation la plus atroce ! —
Tous les romanciers, depuis cinquante années, ont exercé
leur verve sur l'exemple qu'avait donné en cette circonstance
Louis le Hutin, pour calmer l'ardeur des religieuses, dans ce
siècle aussi corrompu que l'était le xiv°. — Ces abbesses étaient
trop riches pour n'être pas mondaines et se croyaient trop
nobles pour devoir s'assujettir à une règle quelconque. Celles
de Maubuisson le prouvèrent plus tard encore, lors du siège
de Pontoise, par Henri IV, puisque le Béarnais et ses principaux officiers logèrent dans leur couvent.

*
* *

Mais je m'aperçois que mon sujet m'entraîne et que je dois
me rapprocher du point de départ. — On sait que pendant
longtemps, *Neuilly* ne fut qu'une dépendance de la paroisse
de Villiers-la-Garenne. C'est du mot latin *Villa,* que vient
Villare, dont on a fait en français *Villiers.* Le premier signifie
ferme, métairie, maison de campagne; le second, *dépendance.*
Dans l'espèce, *Clichy* était la villa, la résidence, la maison de
campagne qu'habitaient les rois de la première race et, Villiers, la dépendance. — C'était dans cette ancienne *forêt de
Rouvray,* dont le *Bois de Boulogne* occupe aujourd'hui une
partie de l'emplacement, que les rois mérovingiens chassaient
le buffle, le bison et l'auroch.

Le nom de *Neuilly* a, pour origine, le mot celte *Lun,* qui
veut dire forêt. — *Lun* devint *Lugniacum.* — En 1222 dans une
lettre, l'abbé de Saint-Denis dit, en parlant de Neuilly : *Portum
de Lulliaco* et, dans un acte de 1224, relatif à un héritage,
Neuilly est dénommó *Lugniacum,* puis, il est dit : *apud curvam
viam* (Courbevoie) *et Asnieras et in censu Portas du Lugnaco.*
— Il y avait là un port ; on y aboutissait par un bac placé

vis-à-vis du chemin de Nanterre. — Lugniaco devint ensuite *Luny*, puis *Nully* et enfin *Neuilly*, mais en 1648, on disait encore : *Port de Luny*. — François Ier logea au port de Luny, en 1518.

Ce fut François Ier qui fit bâtir ce superbe *château de Madrid*, construit dit-on, mais ce qui est peu probable, sur le plan de celui de Madrid, où le Roi fut retenu prisonnier par Charles-Quint. Cette belle œuvre de la Renaissance, dont les façades et les balcons étaient recouverts de briques émaillées sorties des fours de della Robbia et Bernard Palissy, servit ensuite de résidence à Henri II et Diane de Poitiers, — à François II, Charles IX, Henri III, Marguerite de Valois et Louis XIII.

Mlle de Charolais l'habita, avant de s'installer à Bagatelle et ce furent Le Peletier de Rosambo et Dufour, le doyen des maîtres d'hôtel, qui en fermèrent les portes. — *Le château de Madrid* fut vendu en 1792, comme *Bien National* au prix de 270.000 livres à un démolisseur nommé Le Roy, qui le saccagea et ne put parvenir à s'acquitter de la dette qu'il avait contractée envers l'Etat.

Quelques fragments de briques émaillées de cette façade, subsistent encore, incrustés sur les murs d'un restaurant s'élevant à quelques pas de l'ancien emplacement.

Bassompierre raconte que François Ier se retirait volontiers *en particulier* au *château de Madrid*. Lorsqu'au Louvre, les courtisans répondaient aux visiteurs : *Le Roi est à Madrid*, ceux-ci le croyaient en Espagne.

Bagatelle, du temps de Henri IV, n'était qu'un pavillon de chasse, dépendant du château de Madrid. — Dans le voisinage se trouvait l'*Abbaye de Longchamp*, gouvernée par Catherine de Verdun, avec qui le Béarnais aimait à s'entretenir. — Louis XIV attribua ensuite ce pavillon à Mlle de La Chausseraye. Puis, ce fut le tour de Mlle de Charolais, qui l'habita jusqu'en 1745. Enfin, après être passé aux mains du marquis de

Mauconseil et du prince de Chimay, *Bagatelle* tomba dans celles du comte d'Artois qui, en 1779, le reconstruisit en toute diligence, pour gagner un pari de cent mille livres, qu'il avait fait à Marie-Antoinette pendant son séjour à Fontainebleau. — Sous la direction de Bélanger, l'architecte des spectacles de la cour, le pavillon fut complètement achevé en 64 jours. — 800 ouvriers furent employés à cette transformation qui coûta à d'Artois, la bagatelle de 600 mille livres. — De là, le nom primitif du pavillon : *Les Folies d'Artois.*

Cette coquette habitation, telle que nous la voyons encore aujourd'hui était une de ces petites maisons comme il y en avait à Charonne et à Ménilmontant, où l'on allait souper en facile compagnie. — C'était un rien, mais un rien fort joli, — un petit pavillon carré, élevé de quelques marches, posé sur une terrasse comme un bibelot sur une étagère, avec cette devise à la façade : « Parva sed apta » et où, nous dit mon érudit confrère Gustave Geffroy, — « le petit-fils de Louis XV, allait faire son Louis XV ». — C'était la campagne perdue, le fleuve et le bois, des plantations en labyrinthes, des feuillages autour de la petite bâtisse blanche, comme des rideaux de verdure. Les passants ne voyaient rien, ne soupçonnaient pas le jardin à l'anglaise autour de ce pavillon à la française. Les hôtes d'un soir ou d'un jour, avaient tout le loisir de se promener autour des rochers et des eaux, de se perdre dans la forêt en miniature ou par les sentiers de la colline qui jouait la montagne. La comédie de la nature se jouait là, avec celle du plaisir et de la galanterie.

La Révolution passa sur Bagatelle, conserva l'élégant édicule et n'arracha pas les arbres du jardin. On abattit seulement les barrières et des fêtes rustiques s'y organisèrent. Les Parisiens qui s'y trouvaient fort à l'aise, y vinrent boire, danser, se réjouir de la musique et des bonnes fortunes, ce qu'y faisaient les maîtres de la veille. — Sous la Restauration, le pavillon revint aux mains de son dernier propriétaire et s'appela *Babiole ;* mais le comte d'Artois, bientôt était devenu Charles X et alors, adieu *Babiole* et le reste.

Bagatelle échut au marquis d'Hertford, ce riche anglais devenu Parisien, qui déserta pendant de longues années son hôtel de Piccadilly, parce que le Conseil de la cité de Londres, avait cru devoir lui refuser la faculté d'installer, de ses propres deniers, un pavage de bois sous ses fenêtres. Le marquis d'Hertford ajouta une construction au logis du comte d'Artois et plaça là, une partie de ses collections. — A sa mort, sir Richard Wallace son fils, hérita de Bagatelle et, voici que, depuis le décès de ce dernier, la ville de Paris vient d'en faire l'acquisition. — Des tentatives pour transformer Bagatelle en musée, ont été faites en ces derniers mois ; il ne semble pas qu'elles aient été jusqu'à présent, couronnées de succès.

Sablonville fut un des plus jolis villages des environs de Paris. Sur sa plaine sablonneuse et stérile, se passaient les revues ; dans les cabarets et les guinguettes d'alentour, les *recruteurs* dressaient leurs filets.

On sait que ce fut dans la *Plaine des Sablons*, que Louis XVI accorda à Parmentier, apothécaire en chef des Invalides, une surface de 54 arpents, pour faire un essai de culture de la *pomme de terre.* — Ce légume, apporté du Pérou en Europe, au xv° siècle, fut, dès l'abord, planté en Italie et dans le midi de la France. Plus tard, Turgot l'introduisit dans le Limousin et l'Anjou. Mais dans le centre et le nord de la France, une aveugle prétention voulait que la pomme de terre engendrât des fièvres pernicieuses, en appauvrissant les terrains qui la recevaient. — Parmentier fut ridiculisé, jusqu'au jour où, son essai ayant réussi, il porta un bouquet de fleurs de pommes de terre au Roi, qui en orna sa boutonnière. — Dès le lendemain, la cour suivit l'exemple et la pomme de terre devint ce précieux aliment que chacun connaît. — Un fort beau panneau de mon ami le peintre Henri Gervex, placé dans la mairie de Neuilly, rappelle cet évènement.

En 1795, Murat, alors chef d'escadron, enleva de la plaine des Sablons, les pièces d'artillerie, sans lesquelles le général Bonaparte n'eût pu faire, sur les marches de Saint-Roch, son 13 Vendémiaire.

D'après les notes de M. Paul Marmottan, insérées dans le *Bulletin de la Commission Municipale historique et artistique de Neuilly*, en l'an IX, le général Murat était propriétaire du *château de Villiers,* aujourd'hui disparu. — En l'an XII, Murat achela le *château de Neuilly* et y fit construire une aîle, par l'architecte Fontaine. C'est la partie du château que nous voyons aujourd'hui et qui résista à l'incendie de 1848. — Ce *château de Neuilly*, n'était en 1741, qu'un simple pavillon, dans lequel se succédèrent, jusqu'au moment des embellissements ordonnés par Murat, le chancelier d'Argenson, M. de Sainte-Foix, Mme de Montesson et d'autres.

Vers 1805, le bourg de Neuilly ne possédait encore que 2,400 habitants, presque tous maraîchers et blanchisseurs. Mais le site était superbe et réputé par ses futaies. — Lorsque Murat quitta Paris, pour aller régner sur les Napolitains, la princesse Pauline Borghèse, sœur de Napoléon Ier, celle qu'on appelait *la belle Pauline* et *Paulette* dans l'intimité, en devint propriétaire et le conserva jusqu'en 1814, à la chute de l'Empire.

Beaucoup de grandes fêtes se succédèrent dans ce château de Neuilly. Le 8 juin 1801, M. de Talleyrand en donna une, en l'honneur du Roi et de la Reine d'Etrurie. — Le 24 mai 1805, le général Murat en donna une autre, à l'occasion du couronnement de Napoléon, comme roi d'Italie. — Mais la plus brillante, fut celle qu'y donna Pauline Borghèse, le 14 juin 1810, lors du mariage de l'Empereur et de l'Impératrice Marie-Louise, où, en dehors des deux conjoints, toute la Cour assista. — C'est en 1818, que le duc d'Orléans, plus tard Louis-Philippe, prit possession du Château de Neuilly et c'est là que fut transporté le corps du jeune duc d'Orléans, le 13 juillet 1842, lorsqu'il fut tué dans l'accident de voiture de la route de la Révolte, après avoir été recueilli tout d'abord dans une maison voisine sur la façade de laquelle se lisaient ces enseignes . *Cordier, épicier* — *Chanudet, paveur.* — Cette maison, achetée par le Roi, fut rasée et, sur son emplacement, s'éleva la petite chapelle Saint-Ferdinand, que nous voyons aujourd'hui. En face de cette chapelle, se trouve une villa, dans laquelle à cette heure encore, habite un descendant de M. Chanudet.

Du Château de Neuilly, il ne reste que l'aîle dont nous avons parlé plus haut. Dans le jardin, se voit la table en pierre, de forme octogonale, devant laquelle Louis-Philippe et sa famille, avaient pris l'habitude de s'asseoir.

Le petit temple à colonnettes, qui se trouve dans l'*Ile d'amour* et dont il existe une reproduction sur l'un des jolis panneaux de René Billotte, dans la cage de l'escalier de la mairie de Courbevoie, en est un autre vestige. — Ce petit bijou d'architecture, que malheureusement on laisse tomber en ruines, provient des *Folies de Chartres* — sorte de jardin anglais aménagé au xviii° siècle, dans le domaine de Monceaux ; une partie de ce domaine forme aujourd'hui le parc Monceau.

J'ai longuement cherché quelle pouvait être l'origine de ce nom *Ile de la Grande-Jatte*, sans avoir découvert quoique ce soit, dans les nombreux documents sortis pour moi de toutes les Bibliothèques publiques ou privées, et même des archives de Neuilly. — Sur les cartes de *chasses* qui sont à la Bibliothèque de la Ville de Paris, dépendant du Musée Carnavalet, ce nom de *Grande-Jatte* n'apparaît que vers 1840 et, sur l'extrémité de l'île du côté de Neuilly, des vignes sont indiquées. D'accord avec mon érudit confrère M. Ch. Sellier, membre de la Commission du Vieux Paris, l'existence actuelle de cette appellation de *Grande-Jatte* doit se rattacher au souvenir d'une ferme qui se trouvait dans l'île et où on allait boire du lait, si elle ne provient de l'enseigne d'une guinguette s'élevant sur ses bords.

En dehors du Château de la Muette, depuis le milieu du xvii° siècle jusqu'aux premières années du xix°, bien d'autres charmantes villas dont quelques-unes, quoique délabrées, subsistent encore, s'élevèrent également dans Neuilly ou sur les rives de la Seine. — L'une de ces dernières, aujourd'hui

boulevard Bourdon, 14, porte sur le balcon qui garnit sa
terrasse supérieure, un buste de Pascal, avec au-dessous,
cette inscription : *Blaise Pascal — 1633-1662,* — en mémoire
de l'accident dont le célèbre philosophe fut victime en cet
endroit au cours de l'année 1654. — Pascal avait des habitudes
de grand luxe : il ne sortait qu'en carrosse à 4 chevaux et
parfois même à 6, alors que le Roi lui-même n'en avait que 8.
— Or, un jour, étant en promenade avec des amis et, traver-
sant le pont de bois, les deux chevaux de volée de son carrosse s'emballèrent sur un point où manquait le garde-fou
et furent précipités dans le petit bras ; — les traits se rompi-
rent et le carrosse demeura suspendu dans le vide. Frêle et
languissant, Pascal ressentit de cet événement une commo-
tion si forte, qu'il s'évanouit et dut être transporté dans la
propriété qui se voit aujourd'hui et qui a gardé le nom de
Villa Pascal. Là, on le soigna pendant quelques jours, mais,
pris d'insomnies, il décida au cours de ses longues nuits, de
renoncer au monde et à ses pompes et se fit conduire à Port-
Royal, où il resta jusqu'en 1662, date de sa mort. — A côté, on
voit, à l'angle de la rue du Pont, quelques jolies façades rappelant ce que furent les habitations des Courtin, des La Fare
et du joyeux Chaulieu. — Et, plus près du pont, à gauche
en allant sur Neuilly, une maison en rotonde est encore un
vestige, probablement restauré, de l'ancienne propriété de
M. de Sainte-Foix, bâtie en 1755, par le comte d'Argenson,
comme complément au Château de Neuilly. Cette construction,
au début, fut établie sur des terrasses qui descendaient à la Seine.
— Un pont suspendu, en reliait les jardins à l'île qui se
trouve en face. — Mais la plus jolie de ces villas fut certainement celle qui commençait à l'autre angle du pont, du côté
de Puteaux. La maison également en rotonde, qui s'y dresse
et qui a pu être reconstruite, devait en dépendre. Cette magni-
fique demeure, entourée d'un parc, s'appelait *La Folie Saint-
James* du nom de Baudard de Saint-James, trésorier de la
marine, qui en fut le premier propriétaire, et s'étendait
jusqu'à la rue actuelle du *Général Henrion-Berthier,* qui se
trouve sur l'emplacement exact de l'ancien théâtre de la
Villa. — Deux ou trois capitalistes s'étaient ruinés pour

embellir cette demeure qu'habitèrent successivement Lucien Bonaparte, Elisa Bacciochi et la duchesse d'Abrantès. — En 1815, Wellington avait établi là, son quartier-général, mais il 'n'y resta que 24 heures; nos troupes vinrent l'en déloger, sans toutefois que les Anglais et les Prussiens qui occupaient la propriété, n'aient eu le temps de la piller et de la ravager. — Le dernier coup de canon qui ferma, en 1815, l'ère des batailles du Premier Empire, fut tiré du pont de Neuilly.

Dans le petit bras de la Seine, en cet endroit, on avait construit en 1851, une frégate-école de 40 canons, pour servir à l'instruction pratique et théorique des jeunes gens qui se destinaient à la carrière maritime. Le lancement et l'inauguration de ce bâtiment, donnèrent lieu à une grande fête, — mais la frégate n'eut aucun succès; elle fut remorquée plus tard, jusqu'au Pont-Royal, où on la transforma en établissement de bains et où nous avons tous pu la voir; car complètement hors d'usage, elle ne disparut qu'il y a quelques années.

*
* *

S'il y avait d'agréables maisons de campagne sur les bords de la Seine, côté Neuilly, il y en eût de fort plaisantes aussi, sur la rive Courbevoisienne.

L'une d'elles, aujourd'hui disparue, était placée en face de l'île de Villiers et entourée d'un fort beau parc planté de hauts arbres. — Elle était faite de constructions élevées à différentes époques et représentant probablement la réunion de l'antique manoir des seigneurs haut-justiciers, à d'autres propriétés particulières. Pendant longtemps, une légende voulut que Diane de Poitiers, favorite d'Henri II, y ait séjourné. Rien n'autorisait cette version, pas plus la date à

Courbevoie. — Ce qu'on appela le château Larnac, devenu propriété de M. de Fontanes, aujourd'hui disparu. (Page 112).

(Tableau Léty, Prof. Ass. Phil. — Bibliothèque Nationale. Collection Destailleurs).

Courbevoie. — Château de Bécon. (Page 114).

(Musée Carnavalet).

l: quelle vivait Diane, que la plus petite des pierres de cette
maison, dont le style muet ne permettait aucune conjecture
de ce genre.

Au commencement du xviii° siècle, cette propriété appartenait aux demoiselles Morel, filles de Zacharie Morel, doyen
les Conseillers au Parlement. — Il y avait là 5 belles tapisseries représentant Paris, Rome, Constantinople, Venise et
Jérusalem, qui furent cédées à la ville de Paris, en 1737, pour
le prix de 2,360 fr. — Elles en vaudraient aujourd'hui 200,000.
— Que sont devenues ces tapisseries? — Je n'ai pu en retrouver trace. Le château, puisque c'était ainsi qu'on l'appelait,
resta dans les mains de différents membres de la famille
Morel, jusqu'en 1783. — Au commencement du xix° siècle, il
était en possession de M. J.-P. Louis de Fontanes, Président
du Corps législatif, Grand-Maître de l'Univerité. Celui-ci, qui
l'avait payé 60,000 francs, dut y résider jusque vers 1830.
C'était alors un lieu de brillantes réunions, dans lesquelles,
deux fois par semaine, se rencontraient les savants, les
hommes de lettres, les magistrats et des artistes, tels que
Rossini, M°° Fodor, etc.

Alfred de Vigny dut être au nombre des hôtes de M. de
Fontanes, car, avant d'aller tenir garnison à Rome,
Vigny était lieutenant au 5° régiment d'infanterie de la garde,
à Courbevoie ; ses relations avec Victor Hugo datent de cette
époque. — M. de Fontanes, dont l'une des rues de notre ville
porte encore le nom, mourut à Courbevoie. — Le château, à
ce moment, devint la propriété de Dupuytren, le grand chi-
rurgien, inventeur du « bleu de France »; — puis, à la disparition de celui-ci, en 1835, fut probablement acquis par Louis-
Philippe qui le fit passer, à une date que l'on ne peut préciser
et à titre purement gracieux, aux mains du chef de la *famille
Larnac,* qui avait été, croit-on, précepteur d'un fils du roi. —
Il n'en reste aujourd'hui qu'un pavillon d'angle, sur la rue
Victor-Hugo.

Un peu plus bas, le *Château de Bécon* dresse encore sa sil

houette. On prétend que sa construction remonte au commencement du XVIIe siècle. — Ce qu'on sait, c'est que vers 1825 ou 1830, cette jolie villa de plaisance appartenait à Mme de Choiseul et qu'on y montait, de la Seine, par un escalier de 300 marches. — Elle appartint ensuite à Mme la comtesse du Cayla, au comte Orsini, au docteur Guillée. — M. Thiers y passa, dit-on, une saison, de même qu'un archevêque de Paris.

Depuis qu'il est devenu la propriété du prince Stirbey, le château donna asile à Carpeaux, le sculpteur célèbre, auteur de tant de chefs-d'œuvre : le *Groupe de Flore,* sur la Façade du Pavillon de Flore, et le *Groupe de la Danse,* sur la Façade de l'Opéra. — Le buste de Charles Garnier, l'architecte qui construisit ce théâtre unique au monde, l'*Académie Nationale de Musique,* et qu'on vient d'élever sur la façade de la rue Auber, est également une œuvre de Carpeaux. — Le grand artiste mourut au château de Bécon, en 1875, où quelques beaux morceaux de sculpture y rappellent encore aujourd'hui son souvenir.

A propos des deux animaux en pierre qui surmontent les pilastres de la grille d'entrée de cette demeure, côté de la Seine, une légende, qui pendant longtemps circula de nos côtés, voulut que cette image rappelât les mœurs de l'un des anciens habitants du château qui, après avoir arrêté les passants pour les dépouiller, les faisait dévorer par des ours. — Comme beaucoup d'autres, ce racontar doit disparaître ; l'explication la plus plausible de cette décoration de porte, doit être que M. le prince Stirbey, d'origine polonaise, a plutôt voulu manifester, par là, le désir de rappeler que, dans son pays, la chasse à l'ours est l'un des plaisirs favoris des grands seigneurs.

Il est difficile de détruire les légendes, dès qu'elles se sont implantées quelque part. — On dit aussi que *Rouget de l'Isle* serait venu fréquemment à Courbevoie, où il était fiancé à une demoiselle Camille et, qu'un 17 juillet 1780, pour la fête de cette jeune fille, en tirant un feu d'artifice dont les pièces avaient été préparées par lui-même, une fusée, dans une déviation malheureuse, atteignit cette demoiselle à la tête et qu'elle expira une heure plus tard. Il est possible que ce fait puisse avoir quelque caractère d'authenticité, puisque l'auteur de la *Marseillaise* fut élève de l'Ecole du Génie à Versailles, c'est-à-dire près d'ici. — Je n'en ai néanmoins trouvé nulle part la confirmation.

Puisque le nom de Rouget de l'Isle se rencontre ici, j'en profite pour citer quelques extraits d'un beau livre qui vient de paraître : *Portraits français,* par M. Edmond Pilon. — On sait que Rouget de l'Isle, âgé de 76 ans, mourut à la fin de juin 1836, à Choisy-le-Roi, 5, rue des Vertus, emporté par une congestion pulmonaire.

« Le dernier soir de sa vie, vers onze heures, dit M. Edmond Pilon, alors que déjà ses yeux se cernaient d'un cercle bleuâtre, le docteur Carrère, qui le soignait, demanda de l'air ; la fenêtre fut ouverte. Des rumeurs venaient du dehors, un bruit de foule impatiente et contenue, car la nouvelle s'était répandue dans le bourg ; on voulait savoir ; des groupes s'étaient formés devant la porte. — Tout à coup, dans la chambre du moribond, quelqu'un dit : Ecoutez... — c'était un dimanche, un dimanche d'été de banlieue parisienne et des chants passaient dans la campagne. Or, il se trouva qu'à ce moment précis, des voix fraîches, des voix de conscrits, lointaines, commencèrent l'hymne glorieux :

> Liberté, liberté chérie,
> Combats avec tes défenseurs...

Ceux qui veillaient le mourant se regardèrent saisis d'étonnement. Lui, eut un geste très faible, très léger ; ses yeux s'ouvrirent. Les voix, se rapprochant, reprenaient en chœur :

> **Aux armes, citoyens! formez vos bataillons...**

puis, tout se perdit dans la nuit, les chanteurs et les **voix**.

Les yeux de Rouget de l'Isle, cependant, ne s'étaient pas fermés : il semblait qu'il contemplât, bien en deçà du présent,
les événements d'une vie déjà effacée, — quelques mots vinrent à ses lèvres : — Patrie... Strasbourg... Révolution...

Quand minuit sonna, il mourut. »

Si le narrateur ne s'est point laissé emporter par la poésie
de son émotion..., c'est très beau, ce chant de la *Marseillaise,*
à la cantonade, tandis qu'expire, vieux, las et pauvre,
l'homme qui dota la France de l'hymne immortel.

Aux obsèques, le mardi 28 juin, quand les dernières paroles
furent dites, alors que les assistants commençaient à défiler
autour de la tombe, des ouvriers, placés à quelque distance,
entonnèrent, lentement, gravement, le chant auguste ; l'on
assure que rarement il produisit une impression aussi profonde.

* *
*

L'agrandissement de Courbevoie, ne date réellement que
de la construction de la caserne. — Pendant longtemps, il
n'y eut, dans le Bas-Courbevoie, que trois maisons et le
carrefour qui se trouve au bout de la rue de Paris, en avait
conservé le nom : *Place des Trois-Maisons.* — La partie supérieure du bourg était, nous l'avons dit déjà, ceinte de murailles dont les restes et même les gonds des portes existaient
encore, il n'y a pas un bien grand nombre d'années.

Le *château des Colonnes* qui, en 1843, fut acheté par les exécuteurs testamentaires du comte Lambrechts, ancien ministre de la Justice sous le Directoire et mort en 1823, pour
devenir ce qu'il est aujourd'hui un asile de personnes infirmes et d'enfants pauvres, appartenant à la religion protes

tante, avait été construit par Paulse, fermier-général, en 1787.
— Il était au début, décoré d'une colonnade d'ordre toscan,
— à droite et à gauche de la façade, deux pavillons en saillie
étaient surmontés de frontons soutenus par des colonnes
doriques. — Il est probable que, déjà avant d'arriver aux
mains des exécuteurs testamentaires du comte Lambrechts,
cette bâtisse avait dû subir quelques transformations. Les
fermiers Fosse et Durville s'y étaient succédés après Paulse.
En 1822, le *château des Colonnes* était la propriété d'Antoine
Périer, frère de Casimir Périer dont le fils fut l'un des Prési-
dents de la République actuelle.

Le *couvent des Minimes*, qui était situé rue Saint-Denis, près
de la Montagne-des-Moines, a été démoli en 1792 et, le Mou-
lin-à-vent qui se voyait sur la route d'Asnières, fut construit
avec une partie de ses matériaux. — Un autre couvent, dit
des Capucins, était rue de Colombes, sur l'emplacement occupé plus tard, par une salle de danse. — *Rue des Boudoux*,
se voient encore les restes d'un ancien *four commun*, qui servait à l'usage des habitants. — Au *hameau de la Demi-Lune*,
— rond-point de la Défense, — il y avait un grand *relais de
poste*, pour les anciennes diligences ; la maison dans laquelle
il se trouvait, existe, mais le relais a disparu vers 1840. — Le
dernier tenancier en fut le comte de Lagrange.

Ainsi que vous l'a fait connaître la première partie de mon
travail, la population de Courbevoie était, avant la Révolution, confondue avec celle de Colombes, à cause de l'*affouage*,
cet état qui, pour faciliter la levée des impositions, se ré-
glait sur le nombre des feux de chaque paroisse. — On ne
pouvait donc établir le nombre exact des habitants. — Ce
qu'on sait, c'est qu'en l'an XIII (1805), il y avait à Courbevoie
314 hommes mariés ou veufs, — 364 femmes mariées ou
veuves, — 324 garçons de tout âge, 309 filles et 55 défenseurs
de la patrie ; soit en tout 1.366 habitants. On y comptait
62 bâtiments et enclos. — En cette même année 1805, il y
avait eu 24 naissances du sexe masculin, et 21 du sexe féminin, soit 45 enfants issus de mariages légitimes ; — puis,

3 naissances du sexe masculin, et 1 du sexe féminin, soit 4 enfants, hors mariage! — Cette dernière proportion me paraît avoir sensiblement augmenté.

En 1817, il n'y avait plus ici, que 1.337 habitants; (sans parler bien entendu des troupes de la caserne qui, à partir de 1793 servit aux différentes armes de la République, puis aux soldats de la garde de Napoléon Ier. — En 1820, c'était un régiment de la garde royale.)

En avril 1814, après les évènements mémorables qui venaient de changer le sort de la France, le gouvernement provisoire, créé pendant les premiers jours de l'occupation de la capitale par les armées coalisées, fit établir dans les casernes de Courbevoie, un hôpital militaire destiné aux soldats blessés des puissances alliées ; ils y reçurent de la générosité française, des soins multipliés. — Leurs chefs crurent devoir adresser des remerciements officiels aux autorités locales, par la voix des journaux.

Dans les greniers du Pavillon Henri IV, de la rue de la Montagne, j'ai retrouvé sur des poutres, sur les murs et les lucarnes, des noms de soldats étrangers, rappelant cette époque.

Voici, du reste, l'un des états de logements fournis alors, à des officiers anglais, par les habitants de Courbevoie :

4 juillet 1815.

Chez le comte de Fontanes, 1 major, 1 adjudant-major, leurs domestiques et chevaux.

» M. Francastel, 1 quartier-maître, 1 capitaine, domestiques et chevaux.

» le comte de Fermond, 2 capitaines, domestiques et chevaux.

» Mme Daumont, 2 lieutenants, domestiques et chevaux.

» M. Delaremanichère, 1 lieutenant, domestiques et chevaux.

Chez M. Derbanne,   1 capitaine, domestiques et chevaux.
   »   M. Charruel,   »   »   »
   »   M. Roch,   2 lieutenants,   »   »
   »   M. Goudet,   1 lieutenant,   »   »
   »   M. Foulon,   »   »   »
   »   M. Coupé,   »   »   »
   »   M. Gutizeg,   »   »   »
   »   M. Tolat,   »   »   »
   »   M. Muidavoine, 1 lieutenant, domestique et che-
           vaux, maison Plissonneaux.
   »   M. Ludé,   1 lieutenant, domestique et chevaux.
   »   M. Bertrand,   »   »   »
   »   M. Lhomme,   »   »   »
   »   M. Leclère,   »   »   »
   »   M. Amiot, 1 docteur, 1 lieutenant et suite.
   »   M. Salbreux, 1 officier, sa femme et suite.
   »   M. Decaix,

11ᵉ dragons, logés.

Chez M. Gaudet, rue de Colombes, 1 major et suite.
   »   M. Dupuis, rue de Colombes, 3 capitaines et suite.
   »   M. Tartelet, sur la place, 4 capitaines et suite.
   »   M. Rouzerolles des Mars, 3 lieutenants et suite.
   »   M. Le Roux, 1 lieutenant.
   »   M. Leclerc, 1 lieutenant.
   »   M. Monestier, 2 lieutenants.
   »   M. Roch, 4 lieutenants.
   »   M. Coupé, 1 lieutenant.
   »   M. Foulon, 1 garde-magasin.

Puissions-nous ne jamais revoir de jours pareils!

Puis, le calme étant revenu, le village paraît vouloir pros-
pérer : quelques maisons commencent à se déployer en amphi-
théâtre sur la colline, les industries du bord de l'eau s'y main-
tiennent : la fabrication du papier aujourd'hui presque disparue, celle du blanc de céruse et du bleu de France, le blan-

chiment et l'apprêt des peaux de moutons, l'impression sur étoffes. Celle des industries qui prend le plus d'extension, est, sans contredit, le blanchiment du linge. — Cependant, au cours de l'année 1830, Courbevoie n'avait encore que 1900 habitants. Mais déjà un Comité local d'instruction primaire et un Bureau de Bienfaisance, s'étaient fondés. — Le bureau de poste aux lettres est encore au hameau de la Demi-Lune, mais il y a deux écoles communales, l'une pour les garçons, l'autre pour les filles, et une salle d'asile pour l'enfance. Des institutions offrant aux élèves l'instruction nécessaire à l'accès des professions industrielles, ne tardent pas à s'ouvrir.

Vers le milieu de décembre 1840 s'opéra, à Courbevoie, le débarquement des cendres de Napoléon 1er. Cette cérémonie à laquelle rien ne manqua pour qu'elle devint une apothéose et dont j'ai retrouvé les détails dans les journaux de l'époque vaut la peine d'être ici contée. — La *Belle-Poule*, commandée par le Prince de Joinville, était arrivée de Sainte-Hélène à Cherbourg, le 30 novembre. — Le cercueil de l'Empereur, transbordé sur un vapeur, la *Normandie*, devait s'arrêter à Rouen, où l'attendait une flottille de 10 bateaux de la Haute-Seine, les *Dorades*, qui lui servirait d'escorte jusqu'à Courbevoie. A un second transbordement fait à Rouen, ce fut la *Dorade n° 3* qui reçut le corps et le cortège de petits navires se mit en marche, précédé d'un vapeur sur lequel 200 musiciens dirigés par Habeneck, exécutèrent, pendant la durée du trajet, des airs funèbres composés pour la circonstance par Adam, Auber et Halévy. — Je dirai en passant que c'est à Habeneck, chef d'orchestre des Concerts du Conservatoire, aujourd'hui oublié, que nous devons l'audition, en France, des œuvres de Beethoven. — Berlioz, qui n'était pas tendre pour ses confrères, ne lui pardonna jamais d'avoir un jour, pendant l'exécution d'une symphonie, abaissé son bâton, pour tirer tranquillement sa tabatière et humer une prise.

Une très rare petite médaille ovale, d'environ 2 centimètres de haut, portant, d'un côté, en relief, le masque de Napoléon Ier, d'après le moulage fait sur la tête, avec ces mots :

Courbevoie. — Château des Colonnes. (Page 116).

(Bibliothèque Nationale).

Courbevoie. — Les casernes en 1830. (Page 119).

(Aquarelle. Collection Destailleurs. Bibliothèque Nationale).

Napoléon empereur et, à l'avers, *mort à Sainte Hélène le 5 mai 1821, rendu à la France, le 30 novembre 1840,* fut distribuée aux chefs encore vivants de la Grande-Armée et aux amis restés fidèles à la mémoire de l'Empereur. (J'ai là un exemplaire de cette médaille, appartenant à un peintre de mes amis, M. Robichon d'Asnières).

Au pont de Châtou, non loin du restaurant Fournaise, peint sur la facade d'une ancienne auberge, aujourd'hui blanchisserie, se voit encore au-dessous d'une fenêtre, le *chapeau célèbre de Napoléon,* placé auprès d'une épée; ce doit être là, sans doute, un souvenir du passage de la flottille en cet endroit.

A 4 heures du soir, le 14 décembre, au moment où derrière le Mont-Valérien, le pâle soleil d'hiver descendait à l'horizon, l'expédition s'arrêta à Courbevoie. Le froid était glacial. Sur le quai, un temple grec, à jour, avait été dressé. — A l'entrée du pont décoré d'aigles, de trophées et de trépieds jetant des flammes de couleurs, sur une pyramide immense se lisaient ces mots : *La commune de Courbevoie à l'Empereur Napoléon.* Ce fut le soir de ce jour que le maréchal Soult vint s'agenouiller au pied du catafalque et que par suite de l'abaissement de la température, il ne put se relever. Les ducs d'Orléans, de Nemours et d'Aumale, vinrent à leur tour embrasser leur frère, le prince de Joinville qui, depuis Sainte-Hélène, n'avait pas quitté les *cendres* un seul instant et ne s'en éloigna du reste qu'après la fin de la Cérémonie. Dès que le canon des Invalides eut appris à la population parisienne l'arrivée de la flottille, un seul cri s'entendit d'un bout de la ville à l'autre : *Napoléon est à Courbevoie.* Un concours immense de curieux se porta hors de Paris ou passa la nuit dans les rues, malgré la violence du froid. — Dans les Champs-Elysées, où l'on n'attendait le passage du cortège que pour le lendemain, des braseros durent être allumés. On se doute de ce que dut être le spectacle, alors que, du quai de Courbevoie jusqu'aux Invalides, les troupes de ligne et les garde-nationaux formant la haie, le char funèbre traîné par

16 chevaux noirs couverts de caparaçons de drap d'or, se mit en marche, suivi des Maréchaux, des Généraux et des corps de toutes armes.

Les Diplomates étrangers seuls refusèrent de s'associer à cette apothéose, malgré l'invitation qui leur en fut faite par le Roi. — Et ce fut l'Ambassadeur d'Angleterre, éternel ennemi de Napoléon, qui, au nom de tous, se chargea de présenter les termes de ce refus !

Le port de Courbevoie, prit dès lors le nom de *Port Napoléon*, qu'il conserva jusqu'en 1870. Plusieurs des maisons de la Place qui l'entoure, antérieures à l'arrivée des Cendres, existent dans l'état où elles se trouvaient alors. — Dans cet intervalle de 30 années, de 1840 à 1870, le village changea d'aspect. A cette dernière date, Courbevoie a déjà la population d'une ville, c'est-à-dire près de 10,000 habitants.

Il existe à la Bibliothèque Nationale, — une lettre adressée le 12 février 1868 à Napoléon III et signée d'un monsieur Berthaud, 4, rue du Pont, à Neuilly, dans laquelle celui-ci, resté sans doute sous l'impression des cérémonies de 1840, propose au monarque de faire établir par souscription nationale — et pour faire suite au projet primitif de prolongement de l'avenue de la Grande-Armée qui consistait à placer à l'extrêmité de l'*Avenue de la Défense* actuelle les statues des Maréchaux et des Amiraux de l'Empire, avec, au centre, sur le plateau, celle de Napoléon Ier faisant face à l'Arc-de-Triomphe, — une reproduction minuscule de l'Ile de Sainte-Hélène, en relief, au milieu d'un vaste bassin de 300 mètres de diamètre. — L'*empereur* y eût été placé sur son rocher favori, les yeux fixés vers la France, ayant à sa droite et à sa gauche, ses compagnons d'exil, Bertrand et Montholon. Un gigantesque candélabre portant quatre Génies élevant des torches et surmonté d'un aigle immense planant dans les airs, eût dominé l'ensemble. L'habitation de Napoléon à Sainte-Hélène, entourée de plantes du pays, et le système des cours d'eau de l'Ile, y eussent été exactement reproduits. La nappe liquide se développant sur le pourtour du bassin, devait être d'une largeur de 100 mètres et le trop plein eût servi à des concessions destinées à Rueil, Nanterre, Courbevoie et Puteaux.

Et pour que rien ne manquât à l'attrait de ce lieu où, disait l'auteur du projet, d'innombrables visiteurs se seraient rendus, laissant des millions sur leur passage, un boulevard devait contourner le bassin et les constructions qui y seraient élevées, devaient toutes être ornées de grilles uniformes.

Aucune suite ne fut donnée à la proposition de cet original; l'Empire tremblait déjà sur ses bases et, trente mois plus tard, éclatait la guerre qui amena sa chute !

.·.

Ce que furent cette guerre et les événements qui la suivirent, aucun de ceux de ma génération n'a pu l'oublier. Courbevoie, comme tant d'autres localités, eut, une fois encore, sa part des souffrances endurées par tous.

Devant les casernes, veuves de grenadiers et des voltigeurs de la garde qui les avaient occupées jusqu'alors, le 4ᵐᵉ régiment de zouaves et les mobiles bretons, campent dans la neige, abattant sans merci les grands ormes qui ornent la place. Bals publics et jeux de boules, ont disparu en même temps que les beaux jours. Le cœur n'est plus à la joie ; les revers se suivent et les moyens de subsistance deviennent de plus en plus difficiles.

Du 2 octobre, jour où le lieutenant Mirabaud fit charger la première pièce de 24 qu'il pointa lui-même, donnant ainsi le signal de l'attaque à tous les forts de la banlieue et démolissant la *Maison du Curé*, à Garches, dans laquelle s'étaient réfugiés une cinquantaine de cavaliers prussiens, du 2 octobre

dis-je, jusqu'au 19 janvier, date de départ du dernier projec-
tile, pendant l'affaire de *Buzenval* qui vit tomber 3,000 braves
parmi lesquels tant de Parisiens connus, le peintre Henri
Régnault, Seveste, de la Comédie-Française, et le marquis de
Coriolis qui s'était engagé à 60 ans, les cent et quelques pièces
du Mont-Valérien, tirèrent environ 11,800 coups de canon,
sur le vaste rayon de Suresnes, Montretout, Saint-Cloud,
Garches, Buzenval, le plateau de la Bergerie dans les bois de
Saint-Cucufa, La Celle-Saint-Cloud, Louveciennes, Bougival,
Rueil, Châtou, Nanterre, Bezons, Courbevoie, Puteaux, etc.,
etc. — Peu s'en fallut que les conséquences de l'un de ces tirs,
ne changeassent brutalement la face des choses. — Le 7 octobre, nous dit M. Robert Hénard, le maréchal-des-logis-chef
Terrade, les sous-officiers Wannez et Quéro, appartenant à la
batterie des mobiles de Seine-et-Oise, étaient en observation
sur le cavalier du plateau, auprès de 3 pièces de Marine de 19,
lorsque la vigie de service signala aux arcades de Louveciennes, un landau découvert, occupé par quatre personnes
et suivi d'une troupe de cavaliers allemands. M. Rylski, officier d'artillerie des mobiles du Rhône, pointa aussitôt l'une
des pièces, dans la direction indiquée et le lieutenant de
vaisseau Nabona, après avoir vérifié le tir, donna aux servants l'ordre *d'envoyer*. Le projectile atteignit les cavaliers
de l'escorte et, les chevaux de la voiture prenant le galop,
s'enfuirent en zigzagant du côté de Versailles. — Ces sin-
guliers éclaireurs qu'une folle vitesse emportait, bien qu'ils
fussent déjà hors d'atteinte des obus d'alors, n'étaient autres
que le Roi Guillaume, le Prince Frédéric, Bismarck et de
Moltke qui, désireux de voir Paris des hauteurs de Saint-
Germain, avaient quitté la Préfecture vers midi, accompagnés d'une soixantaine de uhlans. Lorsque quelques heures
plus tard, le petit cortège rentra à Versailles, on ne fut pas
sans remarquer, de même que la pâleur du Roi, le nombre
des uhlans sensiblement diminué ; ceux qui restaient, n'a-
vaient pas davantage la tenue correcte du départ. Dans la
ville, on crut vaguement à une attaque de francs-tireurs ou
à un attentat commis par des soldats polonais et, on ne fut
que longtemps après, que la vérité fut connue.

Dès le matin du 20 janvier, un calme lugubre a succédé
au fracas de la veille ; on entend au loin le roulement con-
tinu des voitures d'ambulance, des tapissières, des omnibus,
des véhicules de toute sorte, qui transportent les blessés à
Paris. Les sentinelles ennemies surveillent les ambulanciers :
elles ont l'œil sur les dépouilles qui jonchent la plaine et
tirent sans hésitation sur ceux qui font mine de se les appro-
prier. Jusqu'au soir et pendant la nuit qui suivit, à la clarté
des torches, la funèbre recherche des morts se poursuit par
les soldats du fort. — A Buzenval, le spectacle est impression-
nant : le sol est entièrement couvert de Français et d'Allemands qui ont péri dans une étrange confusion ! — Les fossés
sont comblés par les corps entassés les uns sur les autres ; les
allemands aident les moblots, à débrouiller ce pêle-mêle
humain et sanglant ! — Par dessus le mur du parc, on échange
les cadavres sans parler !

Jusqu'au jour où la marche lente et progressive des Allemands resserra le réseau de leurs opérations, au point d'é-
treindre Paris comme dans un étau et, où les artilleurs du
Mont-Valérien durent cesser leurs feux après avoir semé la
mort pendant plus de quatre mois dans les rangs ennemis
et principalement parmi les servants quotidiennement renou-
velés de cette batterie de Breteuil, située au dessous de la
Lanterne du Parc de Saint-Cloud, où les malheureux canonniers qui y étaient envoyés chaque matin, ne s'y rendaient
qu'en pleurant, combien de ravages ne furent pas commis
par les boulets et la mitraille ! — Partout la terreur, la désola-
tion et l'incendie ! Les maisons s'abîmaient dans leur pous-
sière, les allées du Bois, étaient jonchées de leurs arbres. Une
nuée grise planait dans l'air, descendait des côteaux sur la
vallée et voilait la Seine !

Nous ne pouvons, que regretter encore à cette heure, la
disparition de ce coquet château de Saint-Cloud et de tout ce
qu'il contenait. — Que les Allemands y aient mis le feu en
l'évacuant le 13 octobre, comme on l'a prétendu, il n'est pas
moins certain que pendant l'après-midi de cette même jour-

née, les obus du Mont-Valérien en incendièrent les étages supérieurs. On peut se rendre compte de la trajectoire suivie par les projectiles, en voyant celui de ces derniers qui s'est maintenu jusqu'à ce jour, au dessous d'un balcon, dans le mur de façade de l'une des villas situées en contre-bas de la gare.

Au moment où les Prussiens sont entrés au château de Saint-Cloud, un stock de 25 à 30 mille bouteilles de vins de choix, n'y eût point été découvert sans le honteux marivaudage d'un homme du pays ; — les caves quoique ayant été incendiées, — mystère encore inexpliqué, — y étaient fort solides et de dimensions inusitées; les cachettes y étaient nombreuses.

En septembre 1892, je fus appelé à écrire dans le *Figaro*, un article exposant l'idée d'élever sur ces ruines, une villa pour le Président de la République. — Peu après l'apparition de mes lignes, une lettre d'Allemagne parvint au *Figaro ;* elle était signée : *une amie de la France*, et protestait avec émotion contre le jugement porté par moi, sur ceux que je considérais comme les destructeurs de Saint-Cloud.

« — Non, disait cette lettre, ce ne sont pas les Prussiens,
« comme vous le prétendez, qui ont brûlé Saint-Cloud !
« — Je désire mettre fin à cette légende. — En 1871, me pro-
« menant à Goodwood, — (parc royal situé à peu de dis-
« tance de Londres et dans lequel se font, au milieu d'une
« assistance choisie, les dernières courses de la saison) avec
« feu S. M. l'Empereur Frédéric III, ce dernier m'a parlé du
« chagrin qu'il avait ressenti de n'avoir pu, malgré tous les
« efforts tentés par les ordres de son père, sauver de la des-
« truction ce ravissant palais. Sa Majesté m'a raconté com-
« bien il désirait ravir aux flammes, un portrait de famille,
« cadeau de la Reine Victoria à l'Impératrice Eugénie et
« représentant l'Impératrice Frédéric et le Prince de Galles,
« (aujourd'hui Édouard VII), enfants. Malgré la bonne volonté
« de ses soldats, cela fut impossible, car le tir du Mont-Valé-

« rien redoublait d'intensité sur le palais condamné et déver-
« sait une pluie d'obus sur nos troupes ».

Et le *Figaro* répondit : — « Cette lettre que nous apporte le
courrier d'Allemagne, est écrite sur un papier armorié à couronne princière d'or ; mais elle aurait infiniment plus d'importance pour nous, si nous en connaissions l'origine et la
signature, puisqu'il s'agit d'établir un fait historique ».

D'un autre côté, le baron Jérôme Pichon, le collectionneur
bibliophile si connu et dont l'hôtel de Lauzun, quai d'Anjou,
appartint pendant quelque temps, à la ville de Paris, nous
écrivait : — « Je me rappelle d'avoir vu dans le temps célébrer
le bombardement du château de Saint-Cloud, par les canons
du Mont-Valérien et je trouvais la chose peu intelligente et
peu louable. Maintenant on dit que ce charmant château a
été brûlé par les Prussiens ! — Tant mieux, si à la suite de ce
que je viens de lire, ce n'est pas nous qui avons fait ces
ruines...

Quoiqu'il en soit, du 4 septembre au 7 octobre, jour où les
Allemands y prirent garnison, le château avait été pillé ! —
Par qui ? — On ne l'a jamais su. — L'exemple le plus frap-
pant venant à l'appui de cette certitude, est celui de ce mer-
veilleux bureau régence, fait par Riesener, orné de bronzes
de Gouthières et de plaques de Sèvres, — (le plus beau meu-
ble connu de l'époque Louis XV) — qui se trouvait au château, dans le cabinet de travail de l'Empereur et qui est aujourd'hui au musée du Louvre. — Pendant 10 années, on ne
sut ce qu'il était devenu et, quoique on n'en eût point retrouvé
les montures dans les décombres, on le croyait détruit en
même temps que les nombreux tableaux et objets d'art qui
disparurent, lorsqu'un jour, il fut apporté au musée du
Louvre, par un inconnu qui déclara en avoir hérité d'un sien
parent. On ne chercha point à découvrir la vérité ; l'essentiel
était de remettre la main sur le chef-d'œuvre d'ébénisterie.

Le 29 janvier, s'opère la reddition du Mont-Valérien et les
troupes allemandes en prennent possession. Deux jours

après, le 31 janvier, le fort reçoit la visite de l'Empereur
Guillaume Iᵉʳ. — Le 7 mars seulement, après l'évacuation de
Paris, la place fut rendue à nos troupes.

Mais il était écrit que les canons du fort devaient faire
encore d'autres victimes ; cette fois, c'étaient des Français. —
Au lendemain de l'insurrection, le 19 mars, le Comité cen-
tral ordonna au général Lullier, de faire occuper les forts par
les garde-nationaux. — Le 153ᵉ caserné à Belleville et le 155ᵉ à
Batignolles, furent désignés pour marcher sur le Mont-Valérien. — Il était 6 heures ; la nuit venait ; les bataillons refusèrent de se mettre en route, objectant *qu'il était trop tard
pour aller si loin.* — Ils ne quittèrent leurs quartiers que le
lendemain matin. Quand ils se présentèrent sur les glacis de
la place, ils eurent la surprise de la trouver fermée. Dès la
veille, le général Vinoy, justement inquiet de l'abandon dans
lequel on l'avait laissée, avait obtenu de M. Thiers l'autorisation de la faire réoccuper. Un régiment de ligne appartenant
à la brigade Daudet et commandé par le colonel Cholleton,
en avait pris possession. Malgré leurs sommations, le pont-
levis ne s'abaissa pas et les fédérés furent contraints de se
retirer ; de là, ils se répandirent dans Puteaux et Courbevoie.
A la suite d'une défaite qui leur fut infligée le 2 avril, au
Rond-point des Bergères, la marche sur Versailles fut déci-
dée. — Celle-ci devait se faire par trois voies différentes : —
Une première colonne de 3,000 hommes, commandée par
Duval, suivrait la ligne de Châtillon, le Petit-Bicêtre et Vélizy.
— L'aile du centre, forte de 10.000 hommes, ayant à sa tête
Emile Eudes, se dirigea vers Meudon, Bellevue, Sèvres, Chaville et Viroflay. — Quant à l'aile droite, qui était la plus considérable et comptait près de 15.000 hommes, elle se divisa
en deux corps : l'un, sous les ordres de Flourens, traversa la
Seine à Asnières ; l'autre, conduit par Bergeret, prit le chemin de Courbevoie, pour contourner ensuite le Mont-Valérien. — Après avoir opéré leur jonction à Rueil, ces deux
colonnes devaient s'avancer ensemble par Bougival et Vaucresson. — Mais le général Vinoy avait été averti par le fort
lui-même, du mouvement qui se préparait. Flourens et Ber-

Débarquement des Cendres de Napoléon Ier

Arrivée de La Dorade N° 3 *au quai de Courbevoie.* (Page 120).

(Bibliothèque Nationale).

Transport du cercueil. (Page 120).

geret eurent à peine franchi la rivière, qu'ils se trouvèrent engagés sous le feu du Mont-Valérien. — Arrivé au rond-point des Bergères, Bergeret veut passer outre en prenant la droite ; ses bataillons affolés par une pluie d'obus, se désorganisent et se dispersent. Cependant des tirailleurs s'avancent jusqu'au pied des glacis du fort, accompagnés de 3 canons ; ceux-ci sont bientôt démontés et, ce qui reste des assaillants, arrive à Rueil, où se trouvent les bandes décimées de Flourens. Surpris par la division Grenier, menacés d'être coupés dans leur retraite par la division de cavalerie du Preuil, Bergeret et Flourens se séparent ; c'est la déroute. Le premier rentre à Paris avec les fuyards et, l'autre, suivi de son aide-de-camp Cipriani, va trouver la mort à Châtou. — (Bergeret qui avait pu quitter Paris dans les derniers jours des évènements, s'était réfugié tout d'abord à Londres. — Il vient de mourir, il y a quelques semaines à New-York, où il occupait, à 74 ans, une misérable place de veilleur de nuit, dans une usine à gaz.)

L'aîle gauche et l'aîle du centre n'eurent pas meilleur sort. Emile Eudes, canonné par la batterie de Meudon, dont le château venait d'être incendié par les Allemands, fut repoussé par le régiment de la Garde Républicaine, du colonel Grénelin. Quant à Duval, après avoir eu raison des avant-postes du général du Barrail, il se heurta à la brigade Derroja et à la division Pellé, les tint en respect jusqu'à la nuit et coucha sur ses positions. Le lendemain, il fut cerné, obligé de se rendre avec les 1,500 hommes qui lui restaient et passé par les armes.

Lorsque vint de Versailles, l'ordre de s'emparer du pont de Neuilly barricadé, l'attaque fut chaude ; deux généraux y trouvèrent la mort : Peschard, sur le pont même et, Besson, sur la côte courbevoisienne qui s'étend de la rue de Lorraine à la rue d'Alsace, près de la maison de M. Jourdan, où se trouvait une batterie canonnant la machine blindée des Fédérés qui circulait sur le pont d'Asnières.

Pendant plusieurs jours, une partie de Courbevoie resta

encore aux mains des insurgés ; un nouveau combat fut livré dans la rue de Colombes, à l'asile Lambrechts. Mais, bientôt rejetés sur Bécon et Asnières, ils furent définitivement délogés de ces derniers points et repoussés sur Paris.

Les 21° et 23° bataillons de chasseurs à pied, désarmés et qui avaient pris part aux premières manifestations de la Commune, furent internés au Mont-Valérien d'où, le 19 mai, M. Thiers, le maréchal de Mac-Mahon et l'amiral Pothuau, vinrent suivre à la longue-vue, les mouvements de l'armée de Versailles, aux portes de Paris. A dater de cette époque, le Mont-Valérien, rentra dans le silence. Son canon ne se réveilla plus que pour célébrer, à de rares intervalles, des événements joyeux ou des cérémonies funèbres. Depuis bientôt 35 ans, il s'est laissé devancer par les forts voisins qui, tous, ont été plus ou moins remaniés suivant les nécessités imposées par le progrès. Aujourd'hui, malgré son aspect redoutable, il ne résisterait pas une heure à une attaque en règle.

*
* *

Il y a, Mesdames et Messieurs, dans l'ancien cimetière de la rue Saint-Denis, un emplacement délicieusement ombragé de cyprès et entouré d'une grille portant cette simple épitaphe : *Tombes militaires. 1871.* Là, sont les ossements de 71 victimes de cette guerre de 1870 et de la Commune qui l'a suivie. Soldats et insurgés y sont confondus ! Dans un dossier qui m'a été communiqué, j'ai pu retrouver les noms de quelques-uns de ceux qui dorment en cet endroit, leur dernier sommeil.

En dehors des officiers et soldats tombés et qui ont été exhumés ou inhumés dans des fosses séparées, du 23 octobre 1870 au 16 mai 1871, comme les capitaines Collin et Gaillac, du 4° zouaves ; Desormais, capitaine de gendarmerie ; Santini, capitaine au 70° de ligne ; Bouissounousse, sous-lieutenant au 4° zouaves ; Boitel et Gandolphe, garde-mobiles ; Bidault, Nicolom, Marchand et le gendarme Vialaz, voici la liste, malheureusement incomplète, des noms se rattachant à la tombe commune. Sans vouloir ici raviver de douloureux souvenirs, je dé-ire que cette brève nomenclature puisse être de quelque intérêt pour certaines familles : — Assimon, adjudant de gendarmerie, — Lecas, — Clément, — Martin, — Melon, — Lagrave, — Parjau, — Ambrogi, — Richard, — Métair, — tous gendarmes. — Lelong François, soldat au 45° de ligne, — Quéron Pierre, soldat au 67° de ligne, — Lagorce, soldat au 10° chasseurs à pied, — Pierre-Marie, artilleur, — puis, sans autre désignation de corps : — Trocourt Julien, — Simon Auguste, — Cachaleux Iréné, — Bonny Emile, — Lajarre Alexandre, — Seyrac Antoine. — Il y a dans cette même sépulture, 33 garde-nationaux fédérés, dont les noms n'ont pas été relevés. A côté, dans une fosse à part, se trouvent les os d'un soldat prussien, Gunther Johann, qui s'est noyé dans la Seine, en bas de la rampe du pont. C'est là, comme la précédente, une concession acquise par l'Etat, en vertu de la loi du 4 avril 1873, qui a prescrit, conformément aux stipulations du traité de Francfort, les mesures destinées à assurer la conservation des tombes des soldats des deux nations belligérantes, morts pendant la dernière guerre et inhumés sur le territoire français.

Pendant les journées d'insurrection de 1871, les obus du Mont-Valérien firent en outre 25 victimes dont 7 femmes, parmi les habitants de Courbevoie. Trois de ces malheureux furent de braves sapeurs-pompiers, desquels la municipalité de notre ville a particulièrement tenu à perpétuer la mémoire : Gravet — Carle et Hébert, frappés ensemble par un obus, dans l'accomplissement de leur mission, sur la toiture de la maison Rouchet, place de l'Hôtel-de-Ville. Les restes de Gravet, de Carle et d'Hébert, sont aujourd'hui au nouveau cimetière, dans le caveau des *Victimes du Devoir*.

Je tiens à revenir, pour un instant encore, à l'ancien

cimetière, où quelques tombes, intéressantes à bien des points de vue, méritent d'être signalées. L'une d'elles, très pittoresque, entièrement recouverte de lierre, renferme la dépouille d'un prince Serge Dolgorouki provenant du château de Bécon, d'où elle fut autrefois exhumée. — Non loin de là, voici celle du lieutenant-général Donnadieu, né en 1777 à Nîmes, mort à Courbevoie en 1849, ancien Président des Conseils de guerre de Nîmes, sous la *Terreur Blanche*, de 1815, alors que les accusés se jugeaient par trentaines à la fois et que les cris de protestation des condamnés se trouvaient étouffés par un roulement de tambour. — Son ordonnance se trouve inhumée dans le même caveau. — Voici de même, une dizaine de membres de la famille Larnac — le général Pisani-Jourdan, comte de St-Anastase, descendant du héros de Fleurus. — Le colonel Jennings, ancien ambassadeur de Louis XVI, — le vicomte de Vibraye, — M. de Flavigny, — vicomte de Blangy, — les familles Regnault, — Béhuré, — Charpentier, — Grébault, — de Failly, — Ducuing, — vieux noms, de Courbevoie; — une duchesse de Choiseul-Praslin, à côté d'une tombe sans nom, détruite par un obus en 1871, — Mme de Knobloch baronne de Schwetter, — général de Lacroix mort en 1838, — Mme de Blancpied, dame d'honneur de l'Impératrice Eugénie. Et, dans la série des bienfaiteurs de la ville, — Mlle de Baschi du Cayla, aux côtés de son père et de sa mère, dans un caveau où elle vécut la plus grande partie de ses journées, pendant les dernières années de sa vie. Selon son ultime volonté, la clef de ce caveau fut jetée sur son cercueil et la porte en fut définitivement murée.

J'ai eu entre les mains, au département des manuscrits de la Bibliothèque Nationale, quelques documents concernant ces comtes de Baschi qui étaient d'origine italienne et desquels, à plusieurs reprises déjà, le titre s'est trouvé sous ma plume au cours de ce travail. Baschi était le nom d'un château qui se trouvait en Ombrie, à la hauteur d'Orvieto sur les bords du Tibre, à l'endroit autrefois occupé par la ville de *Veascium*, où Diodore de Sicile dit que les Gaulois

furent battus par Camille, — 390 ans avant J.-C. — Ce château
était habité par des hobereaux qui s'intitulèrent comtes de
Baschi, vers l'an 1220. — Ce furent de fieffés guerriers,
toujours en lutte avec les seigneurs des provinces voisines
et mêlés à tous les évènements politiques d'alors. — En 1322,
Ugolin de Baschi, définitivement vaincu, fut exilé, ainsi que
tous les autres membres du gouvernement d'Orvieto. —
Parmi les descendants qu'il laissait, se trouvait Guichard
de Baschi, qui, en 1384, s'attacha à Louis II d'Anjou, roi de
Naples, comte de Provence, devint son écuyer et passa avec
lui en Provence. Il mourut en 1425. — L'un des siens, Bar-
thold de Baschi, avait acheté en 1422, le château de Ste Estève
et les terres de Thoard, près de Digne. — Un autre, Thadée
de Baschi, fut maître d'hôtel du roi Charles VIII, puis son
ambassadeur auprès du pape et de la République de Venise,
en 1493.

L'un des membres de cette famille, resté en Italie, Mathieu
de Baschi, était religieux de l'ordre *des Frères mineurs obser-
vantins*, au couvent de Montefalconi. — Ce fut le fondateur
des *Capucins*. Après s'être secrètement échappé de son
couvent, pour se présenter au pape Clément VIII, il obtint
la permission de porter le capuchon que l'on voit aujourd'hui
encore sur la robe des capucins. Elu vicaire-général en 1529,
il mourut à Venise, en 1552. — Un Balthazar de Baschi,
gentilhomme de la Chambre d'Henri IV, se noya, en 1598,
dans la rivière du Vistre, au-dessous du Cailar; celui-ci avait
épousé en 1591, Marguerite du Faut, dame d'Aubaïs, du
Cailar, de Junas, de Gavernes, etc. — Et tous les de Baschi,
jusque vers la fin du xvii° siècle, s'appelèrent : barons d'Aubaïs et du Cailar ou marquis du Cailar. Les documents qui
sont passés sous mes yeux, portent tous ces mots : *connu
sous le nom du Cailar*. — Il y a des actes depuis 1682 jusqu'en
1723, qui ne sont autres que des requêtes à des Intendants
de provinces françaises, réclamant la qualité de *nobles*,
issus de *nobles*, qui paraissait avoir été contestée aux de
Baschi, à la suite de meurtres commis dans la famille de
Ste Estève. — C'est à ce moment, que le nom du *Cailar*, fut

transformé en celui de du *Caila*. Malgré ce changement
d'orthographe, l'un d'eux, Jean François de Baschi, né à
Aubaïs en 1717 et mort en 1758, persistait à s'appeler *Marquis
du Cailar*; il était le frère puiné de Jean-Louis de Baschi,
colonel du régiment de cavalerie de la Reine, qui fut tué au
combat de Castiglione, en 1706. -- En 1723, un autre de
Baschi, marquis d'Aubaïs et du Caila, fut également colonel
de ce même régiment de cavalerie et Brigadier des armées du
roi. Presque tous furent des soldats.

La famille de Baschi, qui s'était alliée aux de Pignan, aux
de Las-Ribes en Rouërgue, aux d'Estrade, aux d'Aubaïs, aux
d'Avaray, aux de Pontevez, aux Castellar, aux de Foix, aux
Barras, aux de Brancas, etc., se divisait en deux branches :
celle des marquis de Pignan et celle des marquis d'Aubaïs;
c'est de cette dernière que descendent les du Cailar ou du
Cayla. — Leurs armes sont : de gu. à un écusson d'arg. en
abîme, et d'une fasce de sable T ∴ un Bacchus et une Bac-
chante, tenant chacun une bannière, celle à dextre aux armes
de Baschi, et celle de sen. aux armes de Bermond.

*
* *

De même que l'heure s'avance, nous arrivons à la dernière
partie de ce travail. — Les blessures de l'*Année terrible* se sont
cicatrisées et Courbevoie, peu à peu, reprend son mouvement
ascensionnel. — La Ville se développe, les terrains acquiè-
rent de la valeur, les industries s'ajoutent les unes aux autres,
le blanchiment du linge, prend un essor considérable et les
ressources communales, augmentées, permettent de donner
à l'enseignement, une extension devenue nécessaire. — A
partir de 1876, l'une des trois écoles restées seules depuis
1830, celle de la rue Ficatier, est agrandie. — En 1886, se
construit le groupe de la rue Rouget-de-l'Isle et, 14 ans plus
tard, celui de la rue du Cayla. Ce furent-là 600,000 francs

dépensés en 24 ans, dans le seul et louable but de mettre à l'abri des hasards de la vie, les générations naissantes. — Déjà à cette époque, sans rejeter la devise qu'elle a placée dans ses armes, Courbevoie eût pu s'emparer de celle de Fouquet : *quo non ascendam* (où ne monterai-je pas?).

Quelques années avant l'exposition de 1889, vers 1885, je crois, un ingénieur, M. Charles Devic, avait soumis aux Chambres, un projet d'extension de l'Exposition Universelle, jusque sur les terrains de Courbevoie. Cette idée, tout d'abord prise en considération, fut abandonnée. — Mais, si quelque jour, une nouvelle Exposition mondiale devait se préparer, à moins de détruire les Bois de Boulogne et de Vincennes, ce qui ne serait point pour surprendre, de la part de MM. les Architectes, où trouverait-on, en effet, ailleurs que dans nos environs, les emplacements énormes qui seraient aujourd'hui nécessaires; le Champs de-Mars étant définitivement rendu à sa destination primitive?

Entre temps de généreux Mécènes dont on ne saurait assez honorer la mémoire et publier les noms, font bénéficier la Ville qu'ils ont habitée et, il faut croire, aimée, de sérieux héritages dont les revenus, lorsque la réalisation en sera effectuée, apporteront un surcroît de bien-être aux différentes institutions que les donateurs ont eux-mêmes désignées.

C'est en 1877, *Mlle Philippine de Baschi du Cayla*, qui laisse toute sa fortune, en argent et en immeubles, environ 400,000 francs, pour la fondation d'un hospice de vieillards. — (On sait que cet hospice est aujourd'hui en plein fonctionnement.

M. Hémol, en 1879, une rente de 1,854 francs, à répartir entre le Bureau de Bienfaisance et des livrets de Caisse d'Epargne pour les enfants pauvres.

M. Gomord, en 1880, une rente de 100 francs, pour 4 livrets de Caisse d'Epargne aux enfants les plus assidus, les plus propres et les moins grossiers.

M. Despois, en 1884, 21 francs de rente à répartir entre le Bureau de Bienfaisance et des livrets de Caisse d'Epargne.

Mme Vve Hudri, en 1888, don de 20,000 francs au Bureau de Bienfaisance.

M. Ségoffin, en 1890, un immeuble à Paris, et trois à Courbevoie, dont deux pour un hospice ou un asile. — Au Bureau de Bienfaisance, 1,222 francs de rente, pour secours immédiats. — A la Société de Secours Mutuels des Sapeurs-Pompiers, un don de 1,000 francs dont les arrérages seront versés par la commune.

M. Chevalier, en 1891, don de 1,700 francs au Bureau de Bienfaisance.

M. Colombel, en 1892, don de 500 francs au Bureau de Bienfaisance.

M. Gaullier, en 1894, don de 5,000 francs à l'Hospice de Courbevoie.

En 1895, *M. Trouvé,* habitant de Neuilly-sur-Seine, don de 100 francs à chacun des Bureaux de Bienfaisance de Courbevoie, Puteaux, Nanterre et Neuilly.

M. Rossignol, en 1896, don de 500 francs au Bureau de Bienfaisance.

M. Lévesque, en 1897, don de 500 francs au Bureau de Bienfaisance.

M. Madira, en 1897, don de 25.000 francs, dont les revenus sont réglés comme suit : — celui de 20.000 francs, destiné à un prix de mérite remis à une jeune fille de la commune, s'étant fait remarquer par les bons soins qu'elle consacre à ses parents ou ascendants vieux et infirmes. (Ce prix est

Le cortège dans les Champs-Elysées. (Page 122).

(Bibliothèque Nationale).

L'arrivée au Pont de la Concorde. (Page 122).

délivré tous les ans, le jour de la Fête nationale du 14 juillet).
Le revenu des 5.000 francs restants, est versé à la caisse de
secours des Sapeurs-Pompiers.

*M*ᵐᵉ *Jullien*, en 1897, don de 2.000 francs au Bureau de Bienfaisance.

M. Adam Ledoux, en 1897, une somme de 100.000 francs,
dont les intérêts sont partagés en 10 pensions égales remises
chaque année à 10 des plus anciens sociétaires-participants
de la Société de Secours mutuels de Courbevoie, hommes
ou femmes. — De plus, à l'hospice de Courbevoie, sa maison
d'habitation et une somme de 50.000 francs.

M. Trèves, en 1900, don de 500 francs au Bureau de Bienfaisance.

*M*ᵐᵉ *Cahuzac*, en 1900, 1.000 francs de rente au Bureau de
Bienfaisance.

*M*ᵐᵉ *Hanriot*, en 1901, une somme de 10.000 francs au Bureau
de Bienfaisance, pour 2 pensions viagères à de vieux ouvriers
du bâtiment.

Enfin, *M. Baliat*, en 1901, des titres de rente, 4 immeubles
et 2 pièces de terre, le tout représentant approximativement
une valeur de 500.000 francs, pour contribuer à la fondation
d'un hospice.

N'y a-t-il pas, Mesdames et Messieurs, dans ces actes de
générosité, de quoi émouvoir les plus sceptiques, et les noms
de ceux dont la dernière pensée se porta sur des malheureux,
desquels ils eurent peut être à se plaindre, de leur vivant, ne
sont-ils pas dignes de passer à la postérité !

Il est vrai de dire aussi, que la ligne de conduite des admi-
nistrations municipales qui jusqu'à ce jour se succédèrent a
Courbevoie, fut de tout temps méritoire et faite pour inspirer

confiance à des administrés. Quelques uns de ses maires restèrent en fonction pendant 10, 15 et même 20 ans. Le premier en date, après l'émancipation des Communes, fut M. Romain. En l'an VIII de la République (1800), c'était le tour de M. Le Fricque, qui tint le fauteuil jusqu'en 1818, époque où il fut remplacé par M. Derbanne. En 1826, vint M. Rousselot et, en 1830, année de troubles, MM. Chevalier et Grébaut père, furent successivement élus ; ce dernier resta en fonctions jusqu'en 1840, à l'arrivée de M. Maureng. De 1845 à 1865, M. Grébaut fils fut seul maire. En 1865, voici M. Blondel ; en 1871, M. Durenne ; en 1873, M. Weiss ; en 1874, M. Colas ; en 1878, il y eut de nouveau deux maires, MM. Bourgin et Bailly ; ce dernier pendant 10 ans ; en 1888, apparut M. Rolland ; en 1892, M. Lefèvre ; en 1894, M. Le Chippey ; et, enfin, en 1896, M. Boursier, qui en est à sa neuvième année de dévouement aux Affaires Publiques et que nous espérons bien conserver pendant longtemps encore, car il est douteux qu'un successeur, quel qu'il soit, puisse prendre plus à cœur les exigences d'une fonction devenue extrêmement difficile dans une commune de 30.000 habitants, et soit plus animé du désir d'y laisser des traces bienfaisantes de sa gestion. On reconnaîtra plus tard, ce que vaudra pour notre cité, l'hospitalière maison Ségoffin, à l'organisation de laquelle, selon le vœu du donateur, M. Boursier a voué tous ses soins.

(L'inauguration officielle de cette maison Ségoffin, où des cliniques spéciales sont ouvertes aux malades pauvres, se fit le 28 mai 1905, en présence de MM. Etienne, ministre de l'Intérieur — de Selves, préfet de la Seine — Charles Laurent, secrétaire général de la Préfecture de police — de France, directeur des Affaires Départementales — Poirier, Strauss et Mascuraud, sénateurs de la Seine — Féron, député de la circonscription, et Parisot, conseiller général.

Des récompenses furent décernées à cette occasion : à MM. L. Boursier, maire, médaille d'or de l'Assistance — Paul Pouzargues, administrateur de l'Hospice, médaille d'or de la Mutualité, — Legendre, syndic du Conseil Municipal,

médaille d'argent de la Mutualité, — Vigouroux, président
de la délégation cantonale, ancien adjoint et — Charbonneau,
administrateur de la Société de Secours Mutuels, médaille de
bronze de la Mutualité, — Lefèvre, administrateur du Bureau
de Bienfaisance, et Darragon, son collègue, médaille de
bronze de l'Assistance, — Georges Bédu, adjoint, médaille
de sauvetage. — MM. Denglot et Jot, conseillers municipaux,
furent nommés officiers d'Académie, et M. Bonnet, administrateur de l'Hospice, chevalier du Mérite agricole).

C'est en effet à ce chiffre approximatif de 30.000 âmes, que
s'élève aujourd'hui la population de Courbevoie, depuis que
les usines s'y sont multipliées et que quelques-unes des branches de l'industrie de l'Automobile, sont venues se grouper
sur son territoire. Mais n'est-il point à craindre, de par la tour-
nure que prennent les choses, que cette prospérité, au lieu
de gravir encore les échelons qui l'attendaient, ne puisse
désormais aller en décroissant. — Déjà les efforts de nos
vaillants fabricants, ne se sont-ils pas brisés à plusieurs
reprises, contre une force inepte, qu'il n'est, hélas! plus possible d'enrayer. Le point noir du début, s'élargit en une
immense tache d'ombre qui s'épaissit autour d'eux et les
décourage. C'est, ils le sentent, la concurrence étrangère qui,
malgré les exemples déjà reçus dans bien d'autres branches
de travail, vient à grands pas, tenter de récolter le fruit de
leur initiative.

Si jamais organisation fut impopulaire, souleva la colère
des malheureux qui en pâtirent et mérita les critiques des
esprits sages et libéraux, c'est assurément l'organisation du
travail, telle qu'elle fonctionnait en France, en 1789. Le nom
seul de *corporation*, évoque tout un passé de misères pour le
travailleur et d'entraves pour le travail : — On peut même
dire que le mouvement révolutionnaire s'est fait, pour une
grande part, dans l'espoir d'obtenir la liberté du travail, cette
seule richesse de ceux qui n'en ont pas.

Il semble que, sauf de nom, les choses n'aient guère

changé. Sans doute, les corporations n'ont pas été rétablies ; sans doute, ni d'après la loi, ni d'après la pensée de ses auteurs, *les syndicats* n'ont pas été créés pour faire revivre les corporations sous un autre nom ; mais, dans la pratique, ne voit-on pas, chaque jour, les syndicats détournés de leur but primitif et transformés en instruments de tyrannie, par une poignée de meneurs, devenus maîtres absolus de ces groupements ? — Que reste-t-il de la liberté du travail, lorsque, sur l'ordre des chefs, la grève est décrêtée et que, molestés, battus, assommés souvent, de pauvres diables qui voudraient continuer à besogner pour gagner leur pain et celui de leur famille, sont contraints de se croiser les bras, et de contribuer ainsi à la ruine de l'industrie qui les faisait vivre.

« — On a beau planter, en France, des *arbres de la liberté*, disait, il n'y a pas longtemps encore, un savant économiste, — il semble que ce soit là une essence qui ait bien de la peine à y fleurir ! »

ÉCHOS DE LA PRESSE

Jeudi, 7 décembre, M. Vuagneux, critique d'art, a terminé la très intéressante communication qu'il avait commencée, il y a quinze jours, pour l'inauguration des Conférences de l'Association Philotechnique.

C'est toujours de *Courbevoie et ses environs* qu'il nous a parlé, en une langue de lettré et de savant, faisant revivre toute la région depuis la seconde moitié du xixe siècle, jusqu'à nos jours.

Des projections lumineuses ont illustré ce véritable cours d'histoire et de géographie locales, dont nous nous réservons de donner ultérieurement une analyse détaillée.

(Extrait de *Ouest-Banlieue.* — Puteaux — du 10 décembre 1905.)

La seconde partie de la Conférence de M. Henri Vuagneux — *Courbevoie et ses environs, de leur origine à nos jours* — a été donnée le 7 décembre, dans la Salle des Fêtes de la Mairie.

C'est devant un auditoire de choix que M. Vuagneux a donné lecture de cette seconde partie de son travail, la plus intéressante, d'ailleurs, pour les habitants de notre ville.

Cette lecture a été fort goûtée et chacun en a emporté la meilleure impression. Le Conférencier, en possession de tous ses moyens et n'ayant pas à lutter contre le bruit qui se produit toujours dans les cas de grande affluence, a été parfaitement entendu de tous les points de la salle. Les projections, fort intéressantes, ont été bien réussies.

Le travail si complet qu'a présenté M. Vuagneux, diffère quelque peu du genre habituel des Conférences de l'Association Philotechnique ; c'est, en quelque sorte une reconstitution historique à laquelle l'auteur était tenu de donner une certaine ampleur, pour éviter la sécheresse et la monotonie d'une simple chronologie des faits. — M. Vuagneux a pu recueillir sur Courbevoie, quantité de renseignements et de détails du plus haut intérêt et absolument ignorés des familles, même les plus anciennes de la commune. On lui a fait un succès mérité. Son œuvre, d'une belle facture littéraire, est celle d'un écrivain laborieux et consciencieux. Elle vaut d'être connue du plus grand nombre et si, comme on l'assure, il est fait une édition de ce remarquable travail, nul doute qu'il soit consulté avec fruit dans les bibliothèques et les écoles de Courbevoie, et les communes environnantes.

(Extrait de l'*Echo des deux cantons* — 16 décembre 1905.)

TABLE DES PLANCHES

Planche   I. — Carte de C.-V. Monin.
     —   Carte de l'Abbé de la Grive.
Planche   II. — Pavillon de la rue de la Montagne.
Planche   III. — Gabrielle d'Estrées.
     —   Le calvaire du Mont-Valérien.
Planche   IV. — Un coin du cimetière du Mont-Valérien.
     —   Vue de l'ancien pont de bois, côté de Courbevoie.
Planche   V. — Vue des travaux du pont de Neuilly. — Levage
                   d'un cintre de charpente.
Planche   VI. — Vue des travaux du pont de Neuilly. — Barrage du
                   bras de la Seine.
Planche   VII. — Vue du décintrement du pont de Neuilly.
Planche   VIII. — Vue des travaux du pont de Neuilly.
Planche   IX. — Maison du fermier et des intendants de la Garenne.
     —   L'île de Puteaux sous Louis XV.
Planche   X. — Village et caserne de Courbevoie sous Louis XV.
Planche   XI. — Vue des jardins du Moulin-Joli.
     —   Neuilly. — L'ancien château de Madrid.
Planche   XII. — Bagatelle sous Louis XV.
     —   Neuilly. — Vue intérieure des jardins de la Folie-
                   Saint-James.
Planche   XIII. — Courbevoie. — Ce qu'on appela le château Larnac.
     —   Courbevoie. — Château de Bécon.
Planche   XIV. — Courbevoie. — Château des Colonnes.
     —   Courbevoie. — Les casernes en 1830.
Planche   XV. — Débarquement des cendres de Napoléon Ier.
     —   Transport du cercueil.
Planche   XVI. — Le cortège dans les Champs-Élysées.
     —   L'arrivée au pont de la Concorde.
Planche   XVII. — Statue de Napoléon Ier, autrefois au Rond-Point de
                   la Défense.

*Statue de Napoléon Ier autrefois au Rond-Point de la Défense,
enlevée en 1870. (Page 124).*

(Musée Carnavalet).

TABLE ALPHABÉTIQUE DES NOMS, TITRES, ETC.

CITÉS DANS LE COURS DE CE VOLUME

A

Abailard................... 97
Abbaye de Longchamp..... 106
Abner..................... 59
Abrantès.................. 112
Académie Française........ 59
Académie Nationale de mu-
   sique 11, 114
Adam................... . 120
Adam Ledoux.............. 137
Administration militaire.... 43
Advenier... 65
Affouage...... .... 24, 117
Aides 67
Aiguepiante 86
Aix-la-Chapelle............ 98
Albigeois 90
Allée du midi.............. 68
Allemagne 127
Allemands....... 125, 127, 129
Alsace 129
Ambrogi 131
Amiens.................... 29
Amiot 119
Ancien cimetière.. 65, 130, 132
Andrieux. 45
Andromaque............... 59
Angélique................. 95
Anglais........ 20, 86, 91, 112
Angleterre........ 35, 59, 122
Anjou..... . 91, 108, 127, 133
Anne d'Autriche........... 98
Année terrible............ 134
Antiquités françaises et gau-
   loises.................... 37
Antoine 40
Antoine Périer............ 117
Antonin... .... 13, 103
Arbre de la Liberté.... 98, 140
Arc de Triomphe.......... 122
Archevêque de Paris....... 70

Archives nationales. 12, 15,
   53, 76 95
Argenson.. ... . 24, 109
Argenteuil.. 23, 94, 96, 97, 98
Arlequin 95
Armagnacs.......... .... 21, 98
Arnoux.................... 27
Artigole.................. 5
Ascension................. 98
Asnières. 15, 17, 18, 20, 22,
   23, 27, 55, 99, 105, 121, 128,
   129.......... 130
Assemblée nationale. 69, 75, 90
Assemblée plénière........ 52
Assimon................... 131
Assistance publique. 12, 138, 139
Assomption................ 41
Association philotechnique.
   3, 5, 9, 10, 11, 12, 79, 81,
   82, 85, 140 141
Assuérus.................. 59
Athalie................... 59
Atrium de Colombes .. 16, 19
Aubaïs............. 133, 134
Auber 120
Aubert Gilles............. 30
Aulnay............... 91, 104
Aumale................... 121
Aupec................ 14, 87
Autriche.................. 22
Avalage................... 16
Avaray 134
Avenue de la Défense...... 122
Avenue de la Grande Armée. 122
Avenue de Lutèce......... 68

B

Babile 107
Bacciochi 112
Bac de Neuilly 44, 107
Bagatelle....... 106, 107, 108

Bailly................ 5, 138
Baliat................... 137
Banque de France........ 92
Ban des vendanges........ 66
Barbé................... 5
Barras.......... 77, 85, 134
Bariatinsky............. 43
Barrail 129
Baron Pichon............ 127
Barbaroux............... 75
Basse-Egypte............ 21
Bassompierre............ 106
Baschi du Cayla. 114, 132,
133, 134............ 135
Batignolles..... ... 100, 128
Baudart de St-James..... 111
Bayeux 92
Beaugendre 81, 82
Beaumarchais............ 102
Beaufort.......... 28, 34
Beauvilliers 25, 26
Beaux-Arts.............. 81
Béarnais.. 25, 27, 40, 102,
105 106
Bécon...... 113, 114, 130, 132
Mᵐᵉ Bédu................ 81
Bédu........... 5, 81, 138
Beethoven............... 120
Béhuré........ 61, 66, 68, 132
Bélanger................ 107
Belle Poule............. 120
Belleville.............. 128
Bellevue 128
Bénédictine......... 96, 99
Bénédictins...... 14, 86, 97
Bernard................. 66
Bernardin de St-Pierre.... 41
Bertier de Sauvigny....... 28
Bernard Palissy.......... 106
Bertrand........... 119, 122
Berlioz 120
Berthelot............... 84
Bergeret 128, 129
Bergère................. 124
Berthaud................ 122
Bermond................. 134
Besson.................. 129
Bezons 23, 34, 53, 68, 93,
94, 95................ 124
Bibliothèque Nationale. 27,
28, 96, 122........... 132
Bicêtre................. 65
Bidault................. 131
Bienfaisance............ 100
Biens nationaux. 69, 73, 87,
92, 98.............. 106
Bioern 19

Binet................... 61
Billotte................ 110
Bismarck................ 124
Blancpied............... 132
Blanche................. 104
Blangy 132
Bleu de France...... 113, 119
Blondel................. 138
Bohémiens.......... 20, 21
Bois de Vincennes......... 135
Bois de Boulogne. 105, 125, 135
Boissonnade 81
Bois de la Trahison........ 87
Boitel.................. 131
Bonnet.................. 139
Bonaparte.......... 108, 112
Bonny 131
Boquet.................. 81
Bordet 100
Bordeaux 21
Botage.................. 18
Boursier... 5, 7, 9, 13, 79,
80, 81, 82............ 138
Bourdon 111
Bourrique à Robespierre... 73
Bourgin................. 138
Boulevard du Havre....... 68
Bourguignons........ 20, 98
Bouissounousse.......... 131
Bourbons 102
Bouchard de Marly........ 15
Boulogne................ 27
Boucher................. 89
Bougival......... 14, 124, 128
Bouillette........ 11, 80, 81
Brancas................. 134
Brécy 92, 93
Breteuil................ 125
Brimon.................. 55
Brochard................ 52
Bruyères............ 53, 68
Bruce................... 43
Buckland 103
Buckingham.............. 36
Bucquet................. 66
Bulletin historique de Neuil-
ly.................... 109
Bureau de Bienfaisance....
120, 135, 136, 137........ 139
Buzot 75
Buzenval.......... 124, 125

C

Cachaleux............... 131
Cahuzac 137
Cailar............. 133, 134

Caisse d'Epargne.... 135, 136
Calvados................. 92
Calvaire.............. 40, 41
Calvinistes.............. 25
Camille............. 114, 133
Cardinal de Retz...... 52, 54
Cardinal de Noailles....... 40
Cariolis.................. 124
Carle.................... 131
Carnavalet (Bibliothèque et
    Musée)...... 43, 50, 96, 110
Carpeaux................ 114
Carrère................. 115
Carrières-sur-Seine....... 89
Carrières-Saint-Denis.. 88,
    89, 90.................. 93
Carrousel..... 29
Casimir Périer........... 117
Castellar................ 134
Castiglione.............. 134
Catherine de Verdun....... 106
Caudebec-en-Caux......... 14
Génier.. ...... 53, 54, 55, 56
Cendres...... ...... 121, 122
Champerret.............. 100
Champ-de-Mars.......... 135
Champs-Elysées...... 46, 121
Chanson de Bezons....... 95
Chante-Coq.......... 46, 68
Chanterel............... 93
Chanudet........... 109, 110
Chapons................. 53
Charbonneau............. 139
Charivari 39
Charles le Chauve 15, 90
Charles II 36
Charles le Simple 86
Charles VI.......... 20, 89
Charles VII......... 22, 24
Charles VIII............. 133
Charles IX........ 23, 91, 106
Charles X........... 40, 107
Charles le Mauvais........ 20
Charlemagne......... 96, 97
Charles-Quint............ 106
Charolais............... 106
Charonne................. 107
Charonnat 81
Charpentier.... 66, 68, 80, 132
Charras................. 63
Charreton............... 5
Charruel................ 119
Charvet................. 62
Chasseurs à pied......... 130
Chastaigneraie 44
Château des Landes....... 41

Château de la Belle Gabrielle   26
Château de Madrid......... 106
Château du Marais 98
Château de Neuilly 109, 110, 111
Château de Villiers........ 109
Château Gaillard 104
Château-Neuf 36
Château de Becon 113, 114 132
Château Rouge........... 38
Château de la Muette...... 110
Château des Colonnes 116, 117
Chatillon................ 128
Chatou...... 87, 121, 124, 128
Chaucée................. 19
Chaulière............... 118
Chausseraye............. 101
Chaville................. 126
Chemin de la Folie........ 68
Chenavard 81
Cherbourg............... 120
Chevalier 136, 138
Chevage................. 17
Chevauchées 89
Childebert III........ 14, 15
Chilpéric 86
Chimay... 107
Chine................... 58
Christophe Perrot 87
Choiseul-Praslin..... 114, 132
Choisy-le-Roi............ 115
Cholleton 128
Cinq Forestiers.......... 14
Cipriani................. 129
Clef.............. ... 74, 75
Clément 131
Clément Thomas 38
Clichy.. ..... 16, 27, 100, 105
Clignancourt............. 38
Clotaire II.............. 86
Clotaire III 96
Clovis II 14
Cœuvres............ 25, 28
Colas................... 138
Collin 130
Colloques de Poissy....... 91
Coffinhal............... 77
Colombel 136
Colombes 13, 16, 17, 18, 19,
    20, 22, 23, 24, 27, 52, 53,
    54, 55, 63, 68, 69, 70, 71,
    98, 99.................. 117
Colombes (vue de) 62, 117, 130
Colombier 65, 66, 68
Colombine 95
Comédie-Française....... 124
Commissaire Le François .. 95

Communes 69, 138
Commune de Paris. 73, 75, 130
Cies de blanchissage 65
Compiègne................. 25
Comte d'Artois 67, 92, 102,
  107 108
Comte de Mirabeau........ 98
Conciergerie............. 77
Concorde 45
Concours d'archéologie 93
Conférences 86, 91
Congrégation de la Croix.. 41
Conseil de guerre 132
Conservatoire............. 120
Constantinople 113
Constituante 24
Convention.......... 73, 74
Cordier.. 109
Cormeilles............. 96
Corporations 139
Corvisart 81
Cotereau............. 68
Cottenet..... 5
Coupé. 119
Courbevoie 1, 3, 5, 7, 9, 13,
  14, 15, 16, 17, 18, 19, 20,
  22, 23, 24, 25, 26, 27, 28,
  39, 40, 43, 44, 45, 48, 50,
  52, 53, 55, 56, 60, 51, 62,
  63, 64, 66, 67, 68, 69, 70,
  71, 72, 73, 78, 79, 80, 81,
  82, 84, 86, 104, 105, 112,
  113, 114, 116, 117, 118,
  120, 121, 122, 123, 124,
  128, 129, 131, 132, 134,
  135, 136, 137, 139, 140, 141
Courcelles................ 99
Cour des Aides............ 52
Cour des monnaies.. 72
Couronnes................ 71
Courtin................. 111
Coutumes féodales 22, 23,
  52 54
Couvent des Capucins 117, 133
Couvent des Minimes...... 117
Crécy.................. 28
Creully.... 92
Cueilloirs................ 53
Currie 84
Curiosités historiques et pit-
  toresques du Vieux Mont-
  martre.................. 38

D

Dagobert.......... 54, 102
Dancourt................. 94

Danois... 96
Darragon 139
Daubin... 11, 48, 80, 81, 85
Daudet................. 128
Daumont................. 118
Davoine................. 73
Decaix................. 119
Décousu............ 53, 55
De France 138
Delaremanichère 118
Delaunay 101
Della Robbia............. 106
Delort de Gléon... 110
Denglot............. 5, 139
Derbanne.... .... 119, 138
Derroja................. 129
Desdozeaux. 28
Désormais 130
Despois................. 136
Devic... 135
Diane d'Estrées 27
Diane de Poitiers 106, 112, 113
Digne................. 133
Diodore de Sicile....... 132
Dion (de)................ 81
Diplomates............. 122
Directoire............. 116
Dolgorouki............. 132
Donnadieu 132
Dorades............. 120
Doré 66, 68
Douairière d'Angleterre... 99
Doubs 10
Dourdan................. 104
Doyenné................ 35
Dragons 119
Dreux 29
Drin................. 5
Droits féodaux........... 52
Druides................. 86
Duc de Fronsac 101, 102
Duchesse du Maine 101
Ducuing................. 132
Dufour................. 106
Dufrancastel. 64
Dulaure................. 92
Dumas................. 77
Dumont................. 101
Dupuis 119
Dupuytren 113
Durenne 138
Durville 117
Duthé................. 67
Dutertre................ 66
Duval......... 128, 129

E

E chos des 2 cantons..	82,	140
Eclair....	43,	93
Ecoles communales.......		120
Ecole du génie..........		115
Ecosse....		43
Edouard Ier....		30
Edouard VII....		126
Empereur de Russie.		87
Empire....	109, 112, 122,	123
Entreprise des eaux de les-		
sive....		65
Epinay....		96
Espagne.... ...	30, 59,	106
Esther....		59
Estrade		134
Etats généraux	66,	67
Etchegoyen....		99
Etienne....		138
Etoile....		96
Etrurie		109
Eudes....	128.	129
Eugénie....	126,	132
Europe....	19,	108
Evêque de Nancy....		41
Exposition universelle....		135

F

Failly....		132
Farandole...		80
Fauchet....		37
Fauvelles....		71
Favart....		96
Fay....		66
Fédération de la Seine...		79
Fédérés	129,	131
Fermond....		118
Féron..		138
Fête Fationale....		137
Feurre....	89,	93
Ficatier....	81,	134
Figaro....	10, 126,	127
Flandres....		30
Flavigny....		132
Fleurus....		132
Fleury		30
Florence....		31
Flourens....	128,	129
Fodor....		113
Foire du Lendit		103
Foix....		134
Folies de Chartres		110
Folies Saint-James....		111

Fontaine....		109
Fontainebleau....	28, 34,	107
Fontanes	113,	118
Fontenelle.	14,	15
Fontevrault....	25,	26
Forage....		18
Forbin Janson....		41
Formariage....		17
Forme		27
Fosse		117
Foulon....		119
Fouquet....		135
Fourcommun		117
Fournaise....		121
Français	86, 125,	128
Francastel		118
France. 17, 21, 22, 25, 35,		
64, 69, 73, 76, 98, 102, 103,		
108, 116, 118, 121, 122, 139,		140
Francfort....		131
François Ier....	88,	106
François II		106
Frédéric III	124,	126
Frémiet....		91
Frères observantins....		133
Frontin.		75

G

Gabelle....		67
Gabrielle d'Estrées 25, 26,		
27, 28, 29, 30, 31 , 32, 33,		
34, 35, 36, 37, 38, 39, 87,		108
Galère d'Apollon....		92
Gallet....	37,	38
Gallien		40
Gallipeaux		99
Gaillac....		130
Ganelon		87
Gandolphe....		131
Garches	123,	124
Garde républicaine....		129
Garde suisse 50, 68, 65,		
72....		101
Garde royale....		118
Garel..		87
Garenne (La) 13, 14, 16,		
17, 18, 20, 27, 28, 53, 54,		
55, 56, 63, 68, 69, 70, 71,		81
Garnier....		114
Gaudet....		119
Gaulois....		132
Gaultier....		136
Gauvin....		5
Gavernes ...		133
Gazette de Neuilly....		81

Gebhardt... 59
Geffroy... 107
Général Henrion-Berthier... 111
Genève... 64
Geneviève... 40, 86, 101
Gennevilliers 17, 18, 20, 22. 23... 101
Genlis... 43
Géronce... 86
Gervex... 108
Gherardi... 95
Gilbert... 88, 89
Gillet... 66, 68
Gironde... 75
Gîte... 27
Gomord... 135
Gondi... 52
Goodwood... 126
Gouvernement... 78, 8·
Gournay... 45
Gouthières... 127
Gouvion Saint-Cyr... 100
Goyenèche... 99
Grand Dauphin... 40
Grand Coq... 29
Grand Prix... 96
Grands Augustins... 76
Grande Armée... 121
Grangé... 72
Gravel... 100
Gravet... 131
Gréard... 58
Grébault... 132, 138
Greder... 94
Grenadiers de la garde... 123
Grénein... 129
Grenier... 129
Grive (abbé de la)... 14, 98
Gros Manquant... 67
Groupe de Flore... 114
Groupe de la Danse... 114
Guet... 88, 89
Guillaume (Empereur). 124, 128
Guillaume III... 36
Guillée... 114
Guillemette Fossart... 40
Guise... 38
Gunther... 131
Gutizeg... 119

H

Habeneck... 120
Halévy... 120
Hameau de la Demi-Lune. 117... 120

Hanel... 68
Havet... 5
Hanriot (Mme)... 137
Hanriot. 73, 75, 76, 77, 78. 85
Hardy... 23
Harcourt... 103
Haubert... 16
Haut Chante Coq... 53
Hautefort... 45
Haute Seine... 120
Havet... 61
Hebert... 131
Héloïse... 97
Hémot... 135
Hénard... 43, 124
Hennezel d'Ormois... 43
Hénonin... 5
Henri II... 106, 112
Henri III... 27, 30, 90, 98, 106
Henri IV. 25, 26, 27, 28, 29, 30, 31, 32, 33, 34, 36, 37, 38, 39, 40, 43. 44. 86, 87, 90, 99, 102. 105, 106, 118, 133
Henriette de France... 99
Henriette d'Angleterre... 40
Hermione... 59
Héraut de Séchelles... 74
Hertford... 108
Histoire philosophique, etc. 64
Hospice de Courbevoie. 136, 137, 138... 139
Hôtel Dieu... 27, 88, 89
Hôtel de Lauzun... 127
Hôtel de la Vrillière... 92
Hôtel du Bouchage... 29
Hôtel de Ville de Paris. 76, 77
Hotgeinde... 65
Houilles... 89, 90, 93
Hubert Charpentier... 40
Hubert Robert... 50
Hudri... 136
Huguenots... 98
Hugues Capet... 90
Hugot... 15
Huré... 66
Husson... 56

I

Ile Adam... 20
Ile d'Amour... 110
Ile de France... 24
Ile de la Grande Jatte... 110
Impératrice. 39, 87, 97, 109, 126... 132
Impositions... 55, 87

Impôt sur le revenu........ 25
Impôt unique............ 67
Industrie.................. 68
Invalides...... .... 108, 121
Irène 97
Isabelle 33
Italie..... 22, 30, 108, 109, 133

J

Jacquis.. 28
Jamest....... 81
Japon. 59
Jaulcourt................ · 28
Jeanne 104
Jean Jacques Rousseau..... 20
Jean Reynaud............ 41
Jehovah................ 59
Jennings................ 132
Jérusalem 113
Jésuites............... ... 103
Joad 59
Joanne. 93
Joinville........... 120, 121
Joséphine Tascher de la Pagerie............... 87, 88
Jot.................. 5, 139
Jourdan................ 129
Journeaux... 5
Joyeuse................ 29
Jullien................ 137
Jumas................ 133
Jupin............. 9, 81, 82

K

Knobloch............... 132

L

La Belle Gabrielle.. 33, 38, 39
Laborde................ 90
Labouchère.............. 103
La Brosse 24
La Chapelle.......... 20, 39
La Celle Saint-Cloud...... 124
La Croix-des-dîne-Chiens.. 90
La Fare 111
La Fayette........ 59, 61, 66
La Ferme............... 54
Laffitte 92
La Fille de Ramsès........ 11
La Foire de Bezons.... 94, 96
La Fricque............... 138

Lagorce.................. 131
Lagrange 117
Lagrave................. 131
Lajarre................. 131
Lalaure 62
Lambrechts..... 116, 117, 130
Langlois.......... 64, 66, 68
Lannes................... 92
Lanterne du Parc de Saint-Cloud.. 125
Laon................... 35
La Reynie................ 95
Largicourt 28
Larnac............. 113, 132
La Salle.......... 24
Las Ribes................ 134
Laurent Charles........... 138
Layette-Marjolin.. 101
Law................... 96
Lebas...... 11, 48, 80, 81, 85
Le Bœuf (abbé).... 27, 94, 96
Le Bossu............. 23, 52
Lecas................... 131
Le Chippey............... 138
Leclère 119
Lecomte 38
Le coin des Poètes......... 35
Le Couteux.... 87
Ledoux 61, 66, 137
Lefèvre.. .... 138, 139
Legendre 5, 138
Légion d'Honneur. 41
Législative.... 73
Legrand.............. 46, 77
Lelong. 131
Lenoir................ 35
Lenôtre (G.) 75
Le Nôtre................. 40
Lensenfans............... 13
Le Pecq....... 13. 14, 15, 87
Le Peletier de Rosambo.... 106
Lépine. 61, 66, 68
Le retour de la Foire de Bezons 95, 96
Le Rey................. 106
Leroux.............. 52, 119
Les Folies d'Artois... 107
Lésine 61
L'Etat.... 73, 88, 92, 106, 131
Lettres de cachet......... 67
Léty....... 11, 48, 80, 81, 85
Levallois-Perret... 44, 99, 100
Le Vésinet................ 87
Lévesque............. 136
Lhomme 119
Liancourt 62

Ligue 86, 87
Limousin................. 108
Livres parisis......... 18, 23
Logie................... 81
Londres........ 108, 126, 129
Longueil............. 53, 91
Lorraine 29 30
Louis II d'Anjou........... 133
Louis le Hutin....... 104, 105
Louis de Poissy.......... 91
Louis IX................ 19
Louis XIII.. 41, 45, 90, 98, 106
LouisXIV. 21,41,45,54,59,
    90, 91, 102, 103.......... 106
Louis XV. 45,48, 49,50,63,
    101, 107............... 127
Louis XVI. 38, 67, 72, 78,
    85, 92, 108............ 132
Louis XVIII............... 41
Louis-Philippe. 40,109,110, 113
Louveciennes........... 124
Louvet.................. 75
Louvre.. .... 29, 37, 106
Lucas. 66
Ludé................... 119
Lullier... 128

M

Mac-Mahon 130
Macouris............. 17, 23
Madeleine.. .... 78, 85
Madira................. 136
Madrid............. 81, 106
Main-morte 17, 69, 71
Maintenon..... 54, 57, 58, 59
Mairie de Courbevoie. 5,
    48, 85................. 110
Manoir.................. 39
Maison du Curé 123
Maisons............. 91, 92
Maisons-Laffitte......... 92
Malmaison..... 19, 87, 88, 92
Mansart (François). 40, 91, 92
Mantes............. 45, 46
Marcel.................. 92
Marchand............... 131
Mardochée.............. 59
Maréchal Olivier........... 27
Marguerite de Faust....... 133
Marguerite de Provence 104
Marguerite de Bourgogne.. 104
Marguerite de Valois. 34.. 106
Marie fme de Guillaume III. 36
Marie-Antoinette .. 40, 92, 107

Marie-Louise 40, 109
Marie de Médicis 98
Marie Leczinska........ 102
Marie-Thérèse 41
Mariage de Figaro.. 102
Marjolin 101
Marly................... 50
Marmottan............... 109
Marseillaise 115, 116
Martin 131
Mascuraud 138
Mathan 59
Maubuisson 35, 104, 105
Mauconseil.............. 107
Maureng................ 138
Maye 62
Mayenne 27
Mayeux 100
Maynon d'Ynvau 48
Meissonier 91
Melon................... 131
Ménilmontant 107
Ménin................. 5, 81
Mercadet............. 38, 39
Méring.... .... 5, 81
Mérite agricole........... 139
Merlin 41
Mérovingien 14
Métair.................. 131
Meudon......... 39, 128, 129
Meulan 46
Michelet................ 59
Ministre de l'Instruction Pu-
    blique et des Beaux-Arts. 103
Mirabaud.... 123
Miron..... 34
Moltke (de)........ 124
Monceaux........ 27, 28, 110
Monestier 119
Monk 36
Monnaie 50
Monasson 62
Montagne des Moines. 26,
    27, 117............... 118
Mont-Cenis 38
Montefalconi 133
Montesson 90, 93, 109
Montholon 122
Montmartre. 25, 26, 37,38, 40
Montmorency 15, 25
Montretout................ 124
Mont-Valérien. 13, 40, 41,
    43, 72, 121, 124, 125, 126,
    127, 128 129, 130....... 131
Monuments historiques 93
Morel 68, 113

Morineau 5
Moulin Joly 98
Moulin du Chante Coq 39
Moyen Age 68, 86
Muidavoine 119
Municipalités 69, 71, 73
Müntz 10
Murat 108, 109
Musée du Louvre 92, 127
Musique du 119ᵉ . . . 9, 79, 80
Mutualité 138, 139

N

Nabona 124
Nanterre. 13, 14, 23, 27, 68,
   73, 78, 85, 86, 91, 106, 123,
   124 136
Naples 32, 133
Napoléon Iᵉʳ. 40, 41, 88, 109,
   118, 120, 121 122
Napoléon III . . . 40, 122, 127
Napolitains 109
Nation 99
Nelson 36
Nemours 121
Neuilly-sur-Seine . 15, 23,
   40, 44, 45, 46, 47, 48, 50,
   51, 81, 90, 105, 106, 108,
   109, 110, 112, 122, 129 . . . 136
Neustrie 14
New-York 129
Nicolom 131
Nîmes 132
Noël 100
Nogent-sur-Seine 45
Normandie 92, 93, 120
Normands . . 19, 87, 96, 97, 104
Nouveau Cimetière 131
Nupied 60, 61, 62

O

Officiers d'Académie 139
Oise 104
Ombrie 132
Opéra 68, 81, 114
Opéra Comique 77, 96
Orange 30
Orgias 5
Oreste 59
Orient 21, 30
Orléans 45, 98, 99, 109, 121
Orsini 114

Orviet 132, 133
Osiris 88, 92
Ouest banlieue 82, 140
Oural 84

P

Paillard 100
Palais 64
Panard 96
Paraclet 97
Paris. 20, 21, 23, 25, 27, 28,
   29, 34, 35, 37, 39, 40, 43,
   44, 45, 69, 72, 73, 74, 77,
   86, 92, 93, 94, 100, 102, 103,
   108, 109, 113, 116, 121, 124,
   125, 127, 128, 129 130
Parisiens. 68, 96, 100, 107,
   108 124
Parisis 16, 23, 68
Parisot 138
Parjan 141
Parlement 52, 103
Parmentier 108
Pascal 111
Passy 41
Past 27
Pauline Borghèse 109
Paulse 64, 117
Pavillon de Flore 114
Pavillon de Gabrielle 36
Pavillon Henri IV 118
Pellé 129
Pénancier 21
Pénitenciers 21
Pénitents 27
Pepper 11, 80, 81
Père Lachaise 97
Pères de la Croix 40, 41
Pères de la Foi 41
Pères de la Miséricorde 41
Pérou 108
Perrone 45, 46, 50
Perrot 65
Peschard 129
Petit Bicêtre 128
Petit St-Antoine 34
Philippe le Bel 19, 88, 91
Philippe de Valois 91
Piccadilly 108
Pierre d'Aunay 89
Pierre de l'Etoile 27
Pierre de Courbevoie 15
Pierre-Marie 131
Pignan 134
Pilon 115

Pincarais 14
Pinel 81
Pisani-Jourdan 132
Place de l'Hôtel de Ville.... 131
Place des trois maisons.... 116
Plaine des Sablons.. 108
Plantes 100
Plissonneaux.............. 119
Poirier................... 138
Poissy........... 14, 90, 91
Polonaise de Concert...... 80
Pont (rue du) 111, 122
Pontchartrain 103
Pont de Neuilly. 45, 46, 47,
  48, 49, 50, 51, 121, 129... 131
Pont Henry............... 41
Pont-Royal............... 112
Pont Sainte-Maxence...... 45
Poulevez.................. 134
Pontoise...... 21, 90, 104, 105
Port-Napoléon............ 122
Portraits français... 115
Port Royal........... 58, 111
Pothuau.................. 130
Pouzargues (Lucien).. 11,
  48, 80, 81............. 85
Pouzargues (Paul)........ 138
Prelle..................... 100
Président de la République. 126
Preuil.................... 129
Président des Maisons..... 91
Preneurs royaux.......... 89
Prélude du Déluge........ 81
Presse.............. 79, 140
Prieur de Saint-Allard..... 53
Prince de Galles.......... 126
Princes............. 96, 102
Prise............. 88, 89, 93
Prix de Rome............. 81
Procureur fiscal 64
Procureurs de la Prévôté... 66
Propos artistiques. 10
Provence...... 133
Prud'hommes 55
Prussiens .. 86, 112, 126, 127
Puits d'Amour 86
Puteaux 17, 18, 21, 23, 27,
  39, 40, 82, 86, 111, 123, 124,
  128, 136.................. 140
Pyrrhus. 59

Q

Quénans........ 100
Quéro.................... 124
Quéron 131

R

Racine.................... 59
Raynal 64
Richard.................. 131
Richard Wallace.......... 108
Richaud. 5
Richelieu............ 98, 101
Richer.................... 56
Richmond................. 36
Riesener................. 127
Rimbaux.................. 46
Rivay. 101
Recruteurs... 108
Régent 40
Regnault...... 56, 60, 68, 132
Regnault (Henri) 124
Reine Anne............... 36
Reine Anne d'Autriche.... 45
Reine Blanche de Castille 91, 104
Reine Elisabeth 36
Reines de France.. 34, 35, 102
Reine-mère 41
Reine Victoria 126
Relais de poste............ 117
Religieuses.......... 57, 97
Reliques............. 101, 103
Renaissance...........68, 106
Rendez-vous de chasse
  d'Henri IV.............. 39
Régier.................... 19
Rolland 87
Rolland (Maire)........... 138
Rollon.................... 19
Romain.................. 138
Romains 13, 16, 40
Rome 34, 113
Rond-point des Bergères,
  128...................... 21, 129
Rond-point de la Défense... 117
Rossignol................. 136
Rossini................... 113
Rottiers.................. 50
Rouchet.................. 131
Roudoux................. 117
Rouen 14, 120
Rouërgue... 134
Rouget de l'Isle 114, 115,
  116 134
Roussel............. 70, 71
Rousselot................ 138
Rouvray...... ..... 99, 105
Rouzerolles de Mars....... 119
Royale (rue) 99
Rueil 15, 19, 20, 61, 65, 87,
  91, 123, 124, 128......... 129

Ryeski.................... 124
Renoult.............. 5
République. 77, 117, 126,
  133.................... 138
Restauration....... 78, 85, 107
Révolte (route de la)........ 109
Révolution 24, 27, 35, 45,
  54, 78, 82, 85, 90, 92, 98,
  107, 116................ 117
Rhône.................... 124
Robert.................... 90
Robert de Poissy.......... 90
Robert le Diable.......... 14
Robe sans couture........ 97
Robespierre... 41, 77, 78, 85
Robichon................ 125
Roch.................... 119
Roché..................... 5
Rois de France. 39, 85, 87,
  88, 90, 96, 99.......... 134

                  S

Sablonville.............. 108
Sacré-Cœur.............. 38
Saillancourt.........,.. 46, 49
Saint Anastase........... 132
Saint Antoine............ 103
Saint Bernard............ 97
Saint-Cloud 20, 40, 72, 124,
  125, 126................ 127
Sainte-Croix (Camille de).. 11
Saint Cucufa............ 124
Saint-Cyr (Dames de).. 55,
  56, 57, 58, 60, 63........ 69
Saint Cyriennes 59
Saint-Denis 15, 16, 17, 18,
  19, 20, 22, 23, 25, 35, 52,
  53, 54, 55, 56, 66, 71, 78,
  85, 86, 87, 88, 96, 97, 99,
  102, 103................ 105
Saint-Denis (rue) 65, 117, 130
Saint Ferdinand........... 109
Saint Fiacre...... 94
St-Germain-l'Auxerrois 34, 35
St-Germain-des-Prés. 86, 97
St-Germain-en-Laye 14, 27,
  36, 37. 44, 69, 73, 87, 88,
  91 124
St-Jean-les-deux-Jumeaux . 28
Saint-Louis... 89, 90, 91, 104
St-Louis (Maison royale de). 54
Saint-Louis, saint Paul..... 103
Saint Maur.............. 55

Saint Pierre 56, 71
Saint Roch............... 108
Saint Sacrement........... 98
Saint-Saëns 81
St-Wandrille-Rançon.. 14, 15
Sainte Estève... 133
Sainte Foix........... 109, 111
Sainte Geneviève..... 86, 101
Sainte Hélène... 120, 121, 122
Salbreux................ 119
Salle des Fêtes 80, 82. 140
Salpétrière.... ...... 45, 65
Santini 130
Sarrazins................ 21
Sartrouville........... 91, 96
Saules (rue des).......... 39
Sauval................... 37
Scaramouche............. 94
Schomberg............... 45
Schwetter. 132
Ségoffin............. 136 138
Selves (de).............,.. 138
Seigneur de Poissy....... 91
Seigneurs de Courbevoie... 23
Seine (la) 13, 14, 15, 16, 20,
  26, 44, 45, 87, 90, 94, 98,
  101, 110, 111, 112, 114,
  125, 128 131
Seine-et-Oise............. 124
Sellier (Charles)...... 38, 110
Senlis 25
Sentier de la Tournelle..... 68
Sévère.. 86
Seveste 124
Sèvres............. 127 128
Seyrac 131
Sigefroid........ 19
Simon........... .. 64. 131
Simon de Ville-d'Avray. .. 15
Société de l'histoire de Pa-
  ris. ....;. 43
Société de Secours mutuels
  de Courbevoie.......... 137
Société de secours mutuels
  de Sapeurs-Pompiers 136, 137
Société Historique et archéo-
  logique des VIIIe et XVIIe
  arrondissements........ 94
Société Protectrice de l'En-
  fance 101
Sorbonne 103
Sou d'or................ 19
Soult................... 121
Sourdis................. 34
Staal................... 101
Stirbey................. 114

Strasbourg 116
Strauss 138
Sully 38
Suresnes 19, 20, 27, 40, 42,
    72, 86 124
Syndicats 140

T

Tailles 24, 55, 67, 70, 87
Talleyrand 109
Tallien 41
Tartelet 119
Tellier 103
Templiers 88
Ténèbres 34
Ternes 40
Terrade 124
Terre Sainte 19
Terreur blanche 132
Théâtre français 94
Théodrate 96, 97
Thévenin-Tanley 71, 72
Thierry 65, 66
Thiers 114. 128, 130
Thoard 133
Thermidor 78, 85
Thomas Auvray 87
Thorin de la Thanne 56
Tibre 132
Tolat 119
Tolstoï 43
Tombes militaires 130
Tonlieu 18
Trafalgar 36
Trèves 137
Trocourt 131
Trois-pas-de-Degré 29
Trop-bu 67
Trouvé 136
Trudaine 48
Truth 103
Turenne 102
Turgot 108
Turquie 33
Tutin 11, 48, 80, 81, 85

U

Ukraine 84
Université 130, 113

V

Vailly-la-Borde 90
Valérius 40
Vallée du Moulin-Joli 98
Valois 41
Vandeuil 28
Vaucresson 128
Veascium 132
Vélizy 128
Vendôme 44, 69
Venise 28, 113, 133
Vénus 41
Vergniaud 75
Verrière 56
Versailles. 91, 92, 115, 124,
    128, 129 130
Vert Galant 38
Vertus (rue des) 115
Vialaz 131
Vibraye 132
Victimes du Devoir 131
Victor Hugo 113
Vidal (Paul) 11, 80, 81
Vieux Moulin 39
Vieux pont de bois. 45, 50. 111
Vigne-aux-Prêtres 100
Vigny 113
Vigouroux 139
Villa Chaptal 100
Villa Pascal 111
Villejuif 34
Villeneuve 17, 18
Villiers 100, 105, 112
Villiers-la-Garenne 105
Vinet 5
Vinoy 128
Virey (Mme) 81
Virey 5
Viroflay 128
Visconti 29
Vistre 139
Voltaire 59, 92
Voltigeurs de la Garde 113
Vouët 56
Vuagneux (Henri). 3, 5, 7,
    10, 11, 79, 80, 81, 82, 140. 141

Z

Zablot 100
Zamet 34
Zouaves 123, 130, 131

W

Wannez 124
Watelet.................... 98
Waterloo 88
Wëerts 103

Weiss..................... 138
Wellington 112
Westminster 35, 103

FIN DE LA TABLE ALPHABÉTIQUE

~~~~~

Achevé d'imprimer
Pour la Ville de Courbevoie

PAR

LEJAY Fils et LEMORO
POISSY (S.-&-O.)

~~~~~